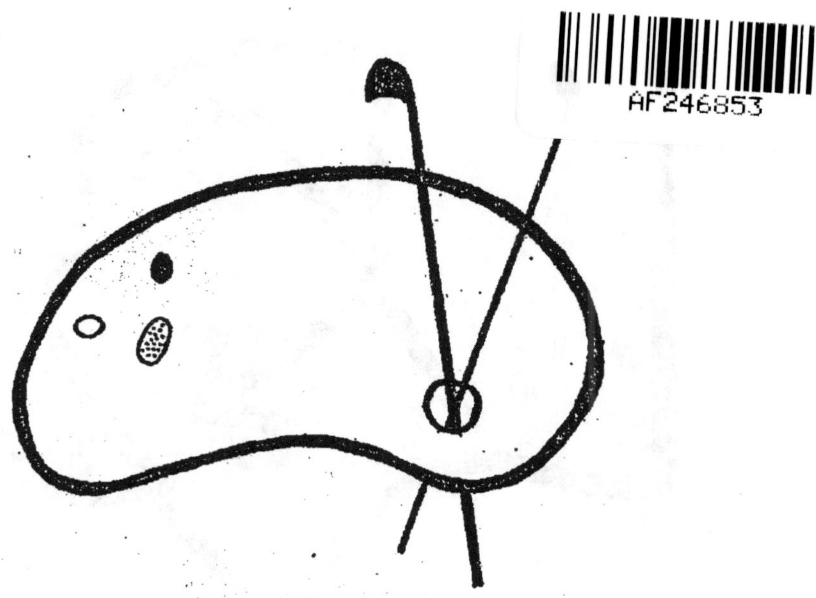

**DÉBUT D'UNE SÉRIE DE DOCUMENTS
EN COULEUR**

Couverture inférieure manquante

LE MOUVEMENT RELIGIEUX
EN ANGLETERRE AU XIXᵉ SIÈCLE

II

LE RITUALISME

PAR LE

R. P. RAGEY

Mariste

PARIS

LIBRAIRIE BLOUD ET BARRAL

4, RUE MADAME ET RUE DE RENNES, 59

1900

SCIENCE ET RELIGION

Études pour le temps présent. — Prix : 0 fr. 60 le vol.

— **Certitudes scientifiques et certitudes philosophiques**, par le R. P. DE LA BARRE, S. J., prof. à l'Institut catholique de Paris.   1 vol.

— *Du même auteur* : **L'Ordre de la nature et le Miracle.**   1 vol.

— **L'Ame de l'homme**, par J. GUIBERT, supérieur du séminaire de l'Institut catholique de Paris.   1 vol.

— **Faut-il une religion ?** par l'abbé GUYOT.   1 vol.

— *Du même auteur* : **Pourquoi y a-t-il des hommes qui ne professent aucune religion ?**   1 vol.

— **Nécessité scientifique de l'existence de Dieu**, par P. COURBET.   1 vol.

— *Du même auteur* : **Jésus-Christ est Dieu.**   1 vol.

    id.   **Convenance scientifique de l'Incarnation.**   1 vol.

— **Etudes sur la pluralité des mondes habités et le dogme de l'Incarnation**, par le R. P. ORTOLAN

I. — *L'Epanouissement de la vie organique à travers les plaines de l'infini.*   1 vol.

II. — *Soleils et terres célestes.*   1 vol.

III. — *Les Humanités astrales et l'Incarnation.*   1 vol.

— *Du même auteur* : **La Fausse Science contemporaine et les Mystères d'Outre-tombe.**   1 vol.

    id.   **Vie et Matière ou Matérialisme et spiritualisme en présence de la Cristallogénie.**   1 vol.

    id.   **Matérialistes et Musiciens.**   1 vol.

— **L'Au delà ou la Vie future d'après la foi et la science**, par l'abbé J. LAXENAIRE.   1 vol.

— **Le Mystère de l'Eucharistie. — Aperçu scientifique**, par l'abbé CONSTANT.   1 vol.

— *Du même auteur* : **Le Mal**, sa nature, son origine, sa réparation.   1 vol.

— **L'Eglise catholique et les Protestants**, par G. RONAIN.   1 vol.

— *Du même auteur* : **L'Inquisition**, son rôle religieux, politique et social.   1 vol.

— **Mahomet et son œuvre**, par I. L. GONDAL, professeur d'apologétique et d'histoire au séminaire Saint-Sulpice.   1 vol.

— *Du même auteur* : **L'Eglise Russe.**   1 vol.

— **Christianisme et Bouddhisme** (*Etudes orientales*), par l'abbé THOMAS, vicaire général de Verdun.   2 vol.

— *Du même auteur* : **Dieu auteur de la vie.**   1 vol.

    id.   **La Fin du monde d'après la Foi.**   1 vol.

— **Où en est l'hypnotisme**, son histoire, sa nature et ses dangers, par A. JEANNIARD DU DOT, auteur du *Spiritisme dévoilé*.   1 vol.

— *Du même auteur* : **Où en est le Spiritisme.**   1 vol.

    id.   **L'Hypnotisme et la science catholique.** 1 vol.

    id.   **L'Hypnotisme transcendant en face de la philosophie chrétienne.**   1 vol.

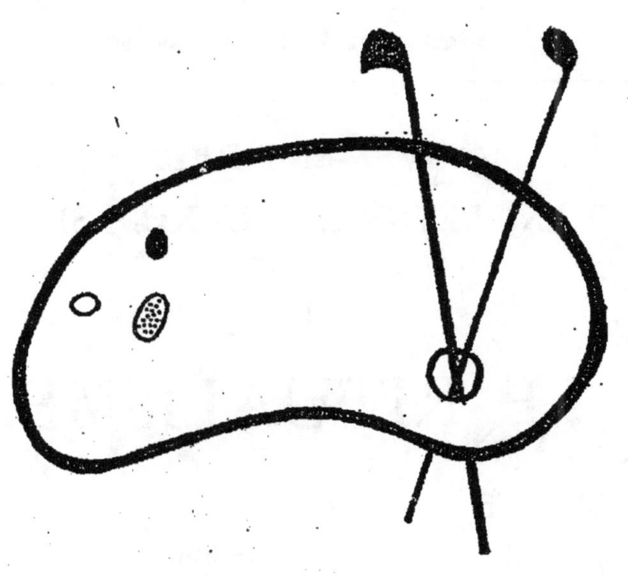

FIN D'UNE SERIE DE DOCUMENTS
EN COULEUR

LE MOUVEMENT RELIGIEUX
EN ANGLETERRE AU XIXᵉ SIÈCLE

II

LE RITUALISME

PAR LE

R. P. RAGEY

Mariste

PARIS

LIBRAIRIE BLOUD ET BARRAL

4, RUE MADAME ET RUE DE RENNES, 59

1900

Tous droits réservés.

LISTE DES OUVRAGES ET REVUES CITÉS DANS CET OPUSCULE

— M. de Pressensé : Le cardinal Manning.

— Le cardinal Manning : England and Christendom.

— The catholic religion, A manual of instruction for members of the Anglican Church by the Rev. Vernon Staley.

— The Church Quaterly Review.

— Bossuet : Histoire des variations.

— Lacordaire : Conférences de Notre-Dame.

— Pusey : The Rule of Faith.

— Marshall : The Comedy of Convocation in the English Church.

— Newman : Anglican difficulties.

— Newman : Histoire de mes opinions religieuses. Traduction de Georges du Pré de Saint-Maur.

— The position of the Church of England by Mandel Creighton, bishop of London.

— Light in the light of God. Sermon with Preface by the Rev. Darwell Stone.

— The Church Times.

— La renaissance catholique en Angleterre, par M. Thureau Dangin, de l'Académie Française.

— Archbishop's Bramhall works.

— Marshall : The comedy of English Protestantism.

— The Tablet.

LE RITUALISME

L'Eglise anglicane est divisée en trois partis :
le parti de l'Église Large, sorte de rationalisme
décoré d'apparences religieuses et conservant certaines formes extérieures de christianisme ; le parti
de la Basse Eglise qui n'admet point la présence
réelle, rejette la confession, le culte des saints et
pour qui l'Eglise catholique est la grande Babylone
et le pape l'antéchrist ; enfin le parti de la Haute
Eglise qui emprunte à l'Eglise catholique son culte
et ses cérémonies et la plupart de ses dogmes et,
sans être disposée à accepter, au moins d'une manière complète, la suprématie du pape, tend à se
rapprocher de Rome, et multiplie ses efforts « pour
se remettre en possession, sans toutefois en payer
le prix, des avantages du système catholique (1) ».
L'usage a prévalu en Angleterre et en France de
désigner ce parti sous le nom de parti ritualiste.

(1) *Le cardinal Manning*, par M. de PRESSENSÉ, Préface.

C'est ce parti que nous nous proposons de faire connaître dans cet opuscule. La Haute Eglise est très ancienne. Le ritualisme entendu au sens où nous l'entendons, c'est-à-dire au sens où on l'entend généralement, est la forme que la Haute Eglise a prise vers le milieu du XIXe siècle.

Si nous demandions aux membres de la Basse Eglise en quoi consiste le ritualisme, ils nous répondraient que c'est un « Romanisme déguisé ». C'est ce qu'ils disent et écrivent tous les jours.

Si nous interrogions, au contraire, les membres de la Haute Eglise, ils nous assureraient que ce nom de ritualistes est un sobriquet donné il y a une cinquantaine d'années à un certain nombre d'anglicans qui mettaient toute leur religion dans des rites extérieurs, et dont on s'obstine, mais bien à tort, à vouloir faire leur nom. Ils ne sont pas des ritualistes, nous diraient-ils, mais des membres de la Haute Eglise, et la Haute Eglise est bien antérieure au mouvement d'Oxford.

Quoi que puissent dire les membres de la Haute Eglise, le nom de ritualistes leur est aujourd'hui généralement donné. Voilà pourquoi nous le leur donnons. Nous avons surtout en vue de désigner par ce nom le parti né du mouvement d'Oxford qui a poursuivi, en se modifiant, l'œuvre irréalisable tentée par Newman.

§ I. — *Origine du Ritualisme.*

Pour faire connaître le ritualisme, il est nécessaire de dire un mot, si bref soit-il, de son origine.

« Dans ces derniers temps, écrivait le cardinal Manning en 1867, on a vu germer dans l'Eglise anglicane la conscience que le protestantisme ne peut être sa nature et son essence, mais une simple attitude qui lui a été imposée par une nécessité prétendue et passagère. Il est maintenant reconnu par ceux de ses membres qui sont des esprits calmes et des âmes droites que l'Eglise d'Angleterre n'est rien, à moins d'être catholique, et qu'à moins d'être d'accord quant à la substance avec le monde chrétien, en ce qui touche à la foi, elle ne peut être catholique. Cette conviction a pénétré dans les esprits les plus éminents et les natures les plus élevées du clergé anglican (1). »

C'est en 1829, on le sait, que furent abrogées les lois pénales et que l'émancipation des catholiques fut votée par le Parlement anglais. C'est vers cette époque qu'on voit la conviction dont parle Manning commencer à « pénétrer dans les esprits les plus éminents et les natures les plus élevées du clergé anglican ».

De tous ces esprits, le plus grand fut Newman. « Etrange et noble illusion d'un génie tout intellectualiste ! écrit un protestant français qui est lui-même un esprit large et élevé. Etrange et noble illusion d'un génie tout intellectualiste ! Newman était parti à la recherche des meilleurs moyens de défense pour l'Eglise qui lui était chère, et avait conclu que le plus sûr, comme le plus simple, c'était de revendiquer

____

(1) *England and Christendom*, Introduction, p. 42.

pour elle les caractères surnaturels de l'Eglise en soi.
Postuler pour une Eglise purement nationale, insulaire, séparée du reste du monde, soumise à l'autorité civile, toute pénétrée des doctrines et des
rites de la réforme — postuler pour elle les *notes*
de l'Eglise, une, éternelle, immuable, infaillible,
visible, — c'est-à-dire d'après la formule de Vin-
cent de Lérins, le *semper, ubique, ab omnibus*, telle
était l'entreprise ou la gageure désespérée à laquelle
se voua, un beau jour de l'an de grâce 1833, un
jeune et obscur *fellow* d'Oriel (1). »

Après douze années de méditations et d'études
éclairées par un des génies les plus profonds qu'ait
vu notre siècle, Newman reconnut enfin que cette
entreprise était irréalisable, et que cette gageure il
ne pouvait la tenir. « Il dut constater que l'anglicanisme ne possédait pas les signes distinctifs de
l'Eglise de Dieu (2). »

Il entra dans l'Eglise catholique.

Cette « entreprise » que Newman se reconnut, à
la fin, incapable de mener à bout, d'autres anglicans, en grand nombre, ont estimé qu'elle n'est
point au-dessus de leurs forces. Ils se sont crus de
taille à tenir cette « gageure désespérée ». Il y a
déjà plus d'un demi siècle qu'ils y travaillent, et
en nombre : ils sont aujourd'hui plus de quarante
mille (3). L'entreprise reste toujours au même point.
Ils échouent et recommencent, et ils croient avancer alors qu'ils ne font que tourner dans un cercle.
Spectacle lamentable !

La grande illusion des ritualistes, celle qui ren-
ferme toutes les autres, c'est la conviction chez
eux bien arrêtée qu'ils n'ont pas besoin de sortir
de l'Eglise anglicane ; qu'au lieu de l'abandonner,

(1) *Le cardinal Manning*, par M. DE PRESSENSÉ.
(2) *Ibid.*
(3) Dans ce nombre nous comprenons le clergé et les fidèles.

ils doivent, en enfants dévoués, la relever de ses ruines; qu'ils peuvent la ramener peu à peu à l'état où elle se trouvait avant la réforme, qu'ils l'ont déjà rendue telle en grande partie, et que le reste n'est qu'une affaire de temps et de persévérance.

Ce qui les maintient le plus dans cette illusion et dans cette confiance, ce sont les emprunts qu'ils ont faits et qu'ils continuent de faire chaque jour au catholicisme.

§ II. — *Imitation du culte catholique.*

Les ritualistes ont commencé par emprunter à l'Eglise catholique ses cérémonies, son rituel. C'est même là ce qui leur fit donner le nom de ritualistes.

Ces emprunts ne sont que partiels et ne constituent, à les examiner de près, qu'une imitation imparfaite. Tous les services ou offices anglicans, même ce que les ritualistes, se croyant prêtres, regardent comme la sainte messe, sont célébrés en langue anglaise. Le *Prayer-Book* et les XXXIX articles qui font loi dans l'Eglise anglicane et dont les ritualistes ne peuvent pas s'affranchir, l'exigent absolument. Le XXIVe article est ainsi conçu :

C'est une chose tout à fait contraire à la Parole de Dieu et à la coutume de la Primitive Eglise de dire la prière publique à l'Eglise, ou d'administrer les sacrements dans une langue incomprise du peuple.

Pour bien juger de ce que sont les cérémonies ritualistes il faut être à portée de les examiner de près et dans les détails ; on s'aperçoit alors que des nôtres elles ne reproduisent que les grandes lignes et les côtés les plus frappants, mais cette imitation ou contrefaçon, tout imparfaite qu'elle est, va assez loin pour tromper, dans bien des cas, au moins à première vue des fidèles et même des prêtres catholiques qui ne sont pas sur leurs gardes.

Ainsi pour ce qu'ils croient être la messe, les ritualistes ont emprunté nos cérémonies et nos vêtements sacerdotaux. A une simple table ils ont substitué l'autel catholique avec tous ses ornements. Les messes basses ne leur suffisent pas. Il leur faut tous les dimanches des messes solennelles avec diacre et sous-diacre. Ils donnent à ces prétendues messes tout l'éclat possible. Ils ont adopté jusqu'à la couleur de nos vêtements sacrés et suivent à ce sujet les mêmes règles que nous. Voici ce que dit le manuel qu'on peut considérer comme le catéchisme ritualiste :

« Ceux qui suivent la marche du culte de l'Eglise, non seulement semaine par semaine, mais jour par jour, accueillent favorablement tout ce qui est de nature à les aider à y prendre part avec intelligence. Ce serait une perte pour eux que l'Eglise présentât continuellement la même apparence uniforme. La dévotion trouve un secours à ce que les alternatives de jeûnes et de fêtes soient rendues sensibles pour les yeux. Il ne serait pas naturel, par exemple, qu'en passant du carême à Pâques, on ne remarquât aucune différence dans les ornements de l'Eglise et des ministres du culte.

« C'est pour obtenir cette variété raisonnable que depuis des temps éloignés on a adopté des ornements de diverses couleurs. Les diverses couleurs de la chasuble du prêtre qui célèbre la Sainte Eucharistie (1) ont pour but de se mettre en

____

(1) Les ritualistes évitent autant que possible le mot de *messe* devenu odieux aux anglicans et qui suffit à exciter l'indignation des membres de la Basse Eglise.

harmonie avec la saison liturgique. Même règle pour les couvertures et les devants d'autel.

« Quand la Renaissance Catholique (1) eut amené certains hommes à comprendre ce qu'il y a de force éducatrice dans les cérémonies du culte, ils trouvèrent sous leurs mains, dans les contrées voisines, un usage systématique des couleurs auxquelles on avait attaché un sens symbolique. Cet usage, né dans la ville et dans le voisinage de Rome, a été, dans l'intérêt de l'uniformité, adopté peu à peu à la place des plus anciens usages des divers diocèses de l'Europe. Pour nous, si nous l'avons adopté, c'est d'abord parce qu'il est à notre portée. On a ensuite justifié cette adoption en s'appuyant sur ce que ce système est clair dans ses détails, facile à comprendre et réglé par une autorité « vivante »... Ces détails sont mentionnés dans les anciens livres liturgiques du diocèse de Salisbury... L'adoption que nous en avons faite repose sur le fait que c'est une observance littérale de la rubrique des ornements, compatible avec l'indépendance nationale de l'Eglise anglicane, qui évite l'apparence de la reconnaissance d'une autorité « étrangère (2). »

On trouve dans les églises ritualistes des crucifix, des tableaux et des statues de la Sainte Vierge et des saints, des stations du Chemin de la Croix, des fleurs, un beau luminaire, tout ce qui contribue à rehausser le culte catholique. Mais, nous le répétons, tout cela n'est catholique qu'à peu près, et vu de loin. Si l'on y regarde de près, on reconnaît la contrefaçon.

(1) C'est le nom que les ritualistes donnent au mouvement d'Oxford.

(2) *The catholic religion*, A manual of instruction for members of the Anglican Church by the Rev. Vernon Staley Part. 3ᵈ, chap. VII, p. 357.

Les ritualistes, au moins un certain nombre, se sentent à l'aise dans nos églises, et se trouvent là comme chez eux. Il est arrivé plusieurs fois que certains *clergymen*, en voyage sur le Continent, ont « célébré la messe » dans des églises catholiques où l'on n'avait pas pris la précaution de leur demander leur *Celebret*. Ce qui est beaucoup moins rare, c'est que les simples fidèles, quand ils sont en pays catholiques, se confessent à nos prêtres qui ne se doutent nullement qu'ils ont affaire à des protestants, assistent à la messe dans nos églises et y font la Sainte Communion.

Tout cela de la meilleure foi du monde.

§ III. — *Retour aux doctrines catholiques.*

Aux emprunts faits à notre rituel, les ritualistes ont ajouté des emprunts considérables à la doctrine catholique.

Aucun d'eux n'admet la doctrine catholique sur tous les points, mais seulement sur un certain nombre. Ils n'admettent pas tous les mêmes points. Chacun admet ce que son jugement propre lui représente comme étant l'enseignement de l'Eglise universelle. Cependant il existe certains points qu'ils admettent généralement. Ils sont à peu près tous d'avis qu'on doit invoquer la Sainte Vierge et les saints, qu'il y a un purgatoire et qu'il est utile de prier pour les morts.

Seulement sur tous ces points la doctrine même des plus avancés n'est pas complètement catholique. On y trouve de l'or et de l'alliage. Ils citent en les approuvant et comme l'expression de leur propre foi ces paroles de l'évêque anglican Hall : « N'est-il pas juste que nous bénissions Celle que l'ange a déclarée bénie ? Combien elle est digne d'être honorée de l'homme, Celle que l'ange a proclamée la Bien-aimée de Dieu ! Ô bienheureuse Marie, celui-là ne peut pas vous bénir trop, vous honorer trop qui ne va pas jusqu'à vous déifier ! » (1).

Mais d'un autre côté les louanges que nous donnons à la Sainte Vierge leur paraissent excessives. La plupart d'entre eux ne croient pas à son Immaculée Conception. Les livres catholiques sur la Mère du Sauveur leur produisent facilement l'effet d'être injurieux pour son divin Fils. « Les livres romains modernes, dit le même manuel qui cite ces paroles de l'évêque Hall en les approuvant, les livres romains modernes parlent de la Sainte Vierge, en particulier, d'une manière que nous croyons être tout à fait incompatible avec l'honneur dû à Notre-Seigneur » (2).

Ils ne comprennent ni nos pratiques de dévotion envers la Sainte Vierge, ni les louanges que nous lui décernons, ni les prières que nous lui adressons. Il leur manque quelque chose que ni la science, ni la pénétration d'esprit ne sauraient donner : le sens catholique.

C'est ainsi que dans une dissertation d'ailleurs remarquable où il établit la légitimité de l'invocation des saints, le Principal du *Missionary College* de Dorchester, le savant Darwell Stone, cite comme très blâmable une prière à la Sainte Vierge, qu'il a recueillie dans le *Celeste Palmetum* et dans laquelle aucun catholique ne trouvera rien à reprendre (3).

(1) *The catholic religion.* Part 3d, chap. 1, p. 173.
(2) *Ibid.*, p. 222.
(3) *The Church quaterly review.* January, 1899. *Invocation of saints*, p. 296.
Voici la prière que le révérend Darwell Stone cite comme une preuve que l'Église catholique, loin de s'être purgée des superstitions qu'on lui reprochait au xvie siècle, les approuve au contraire et les progage :

Les ritualistes célèbrent ce qu'ils croient être le saint sacrifice de la messe pour le repos de l'âme des trépassés ; mais ils s'inscrivent en faux contre la doctrine qui soutient que la célébration de plusieurs messes est de nature à leur obtenir ce repos plus sûrement et plus efficacement que la célébration d'une seule (1).

Pour tout ce qui regarde les sacrements, les ritualistes se rapprochent beaucoup de la doctrine catholique ; mais ils s'en éloignent tous par quelque côté, et en quelques points, chacun à leur manière, et selon ses propres idées. Le manuel : *The catholic religion* nous donne assez bien ce qu'on peut considérer comme la moyenne de leur doctrine sur les sacrements, et comme l'expression des opinions, ou, si l'on veut, des croyances les plus répandues parmi eux à ce sujet. Nous allons le citer :

« Quelques-uns des sacrements doivent leur existence à l'institution directe de Notre-Seigneur et sont mentionnés dans l'Evangile ; d'autres ont été institués par les Apôtres obéissant, nous pouvons le croire, à des ordres de Notre-Seigneur qui ne sont pas arrivés jusqu'à nous.

« Les deux grands sacrements sont le saint baptême et la Sainte Eucharistie.

« Les cinq petits sacrements sont : la confirma-

O Sapientissima Mater ! suscipe me in clientulum tuum. In benedictas manus tuas, et in sinum misericordiæ tuæ animam et corpus meum cum filiali fiducia nunc et in hora mortis meæ commendo. Rege, doce, dirige et defende me in omnibus secundum tuam voluntatem. Respice, o Domina, ad servi tui, licet indignissimi preces ; respice ad omnes necessitates meas. Ad te ego velut unicum asylum meum confugio ; sub pallio maternæ protectionis tuæ absconde me. Noli me a te, Mater misericordiæ, repellere ; nam sine te vivere non potest anima mea. Amen.

(1) *The catholic religion.* Part 3ᵈ, chap. III, p. 271.

tion, la pénitence, l'ordre, le mariage et l'extrême onction...

« Les petits sacrements ne doivent pas être mis de côté comme étant sans importance. Car ils sont, selon le degré qui leur est propre, des signes visibles de la grâce invisible, et forment une partie du plan divin pour notre salut et notre perfection, selon nos besoins et les conditions de notre vie (1). »

Les ritualistes croient à la Présence Réelle de Notre-Seigneur dans l'Eucharistie, mais ils ne croient point, au moins pour la plupart, à la transsubstantiation.

Le jeûne eucharistique est reconnu par eux comme une règle imposée par l'Église dès les temps primitifs, et ils y tiennent, mais ils tiennent au même titre à la communion sous les deux espèces. Voici les avis que le manuel : *The catholic religion* donne à ce sujet aux fidèles.

« Quand votre tour de communion est arrivé, mettez-vous complètement à genoux, et préparez-vous à recevoir le sacrement du Corps du Seigneur dans le creux de votre main droite soutenue par votre main gauche, tenant les mains élevées et les doigts étendus. Ne remuez pas vos mains. Prenez le sacrement avec votre bouche dans votre main, en ayant soin de ne laisser aucune parcelle dans votre main, et en veillant à ce que pas une miette ne tombe par terre.

« En recevant le calice tenez fortement la tige pour la porter à vos lèvres et éviter des accidents. Sous aucun prétexte, ne le portez à vos lèvres et ne l'en éloignez d'une manière brusque (2). »

On le voit, c'est *à peu près* la doctrine catholique sur l'Eucharistie, et *à peu près* la communion catholique.

De même pour le sacrement de pénitence. Que

(1) *Ibid.* Part 3ᵈ, chap. III, p. 255.
(2) *The catholic religion.* Part. 3ᵈ, chap. VII, p. 379.

les prêtres aient le pouvoir de remettre les péchés, les ritualistes le soutiennent, mais ils refusent de reconnaître qu'ils aient besoin pour cela de juridiction, et, dans tous les cas, d'une juridiction émanant du Souverain Pontife.

De même pour le sacrement de l'Ordre. Il confère le caractère sacerdotal, nul doute à ce sujet dans l'esprit des ritualistes, mais ils ne considèrent point comme nécessaire à sa validité certaines conditions qui, au jugement de l'Eglise catholique, y sont absolument nécessaires.

De même pour le sacrement de confirmation, qu'ils regardent comme étant conféré par une simple imposition des mains.

De même pour le sacrement de mariage, pour la validité duquel ils n'admettent pas que la présence d'un ministre du culte soit nécessaire.

De même pour le sacrement d'extrême-onction que, d'après eux, il n'est plus permis de conférer lorsque le malade est dans un état tel que tout espoir de recouvrer la santé est perdu.

Si l'on excepte les vérités fondamentales que les membres de la Basse-Eglise eux-mêmes admettent : la Trinité, l'Incarnation, la Divinité de Notre-Seigneur, la Rédemption, il en est ainsi, en fait de doctrine, sur toute la ligne. La doctrine des ritualistes, comme leur rituel, n'est qu'une contrefaçon. C'est une doctrine plus ou moins frelatée, et plus ou moins gâtée par le levain de l'hérésie.

C'est un fait bien frappant et bien digne d'attirer l'attention, que des hommes si savants, et animés d'intentions si pures ne puissent arriver par eux-mêmes et grâce à leurs propres efforts à retrouver la vraie doctrine de l'Eglise altérée par la Réforme, et à démêler entièrement le bon grain de l'ivraie. « Une nation si savante, écrivait Bossuet en 1688, une nation si savante ne demeurera pas longtemps dans cet éblouissement ; le respect qu'elle conserve

pour les Pères, et ses curieuses et continuelles recherches sur l'antiquité, la ramenèront à la doctrine des premiers siècles (1). » En 1688 cette nation savante était dans l'éblouissement de l'hérésie
depuis le milieu du XVIe siècle. Elle y est encore
au commencement du XXe. Cet éblouissement commence cependant à se dissiper. Depuis un demi
siècle surtout, « ses curieuses et continuelles recherches sur l'antiquité la ramènent à la doctrine
des premiers siècles ».

Mais avec quelle lenteur ! On dirait que l'esprit
anglais, habitué depuis si longtemps au demi jour
de l'hérésie, ne peut se faire à l'éclatante lumière de la foi. Ces hommes intelligents lisent,
étudient, commentent les œuvres des saints Pères
où cette lumière brille d'un éclat merveilleux, et
ils n'en rapportent que des rayons mêlés d'ombres.
Tant il est vrai que l'homme, pour savant qu'il
soit, n'en demeure pas moins, quand il s'agit de la
vérité religieuse, « un être enseigné », comme le
prouve éloquemment Lacordaire dans sa première
conférence de Notre-Dame. « Oui, s'écrie l'illustre
orateur, la vérité n'est qu'un misérable jouet d'opinions qui se succèdent sans fin, ou bien il doit y
avoir sur la terre une autorité divine qui enseigne
l'homme, cet être nécessairement enseigné. »

Quand il s'agit de la vérité religieuse, il faut à
l'homme une autorité à la fois *divine* et *vivante*. Pour
arriver à la vérité totale, et surtout pour retrouver
cette vérité perdue et obscurcie par trois siècles
d'erreurs, les livres ne suffisent pas. Il faut que
l'homme se mette aux pieds de la sainte Eglise que
le divin Sauveur a faite la dépositaire et la gardienne de la vérité, et qu'il l'écoute comme le dis-
ciple écoute son maître, et même comme l'enfant
écoute sa mère ; car l'Eglise est une mère. C'est le

____

(1) *Histoire des variations.* Livre VII.

II

Sauveur lui-même qui nous apprend ce moyen
d'arriver à la vérité. « O mon Père, s'écrie-t-il en
parlant des vérités de la foi, vous avez caché ces
choses aux sages et aux habiles, et vous les avez
révélées aux petits » (1).

Le moindre de nos élèves des séminaires voit
plus clair dans les choses de la foi que les plus savants docteurs anglicans d'Oxford ou de Cambridge.

Cette considération suffirait à nous expliquer
que les ritualistes, malgré toutes les recherches
dont le mouvement d'Oxford a été le point de départ, aient tant de peine, aujourd'hui encore, après
un demi siècle d'études, à se débarrasser de l'hérésie. Mais leur difficulté d'arriver à la vérité catholique pleine et entière s'explique par d'autres
raisons encore, et en particulier par la règle de foi
qu'ils ont adoptée, et par la servitude que leur imposent les XXXIX articles de religion.

§ IV. — *Règle de foi adoptée par les ritualistes.*

D'abord la règle de foi qu'ils ont adoptée. Cette
règle de foi Pusey l'a formulée ainsi :

« Ce qui est matière de foi doit pouvoir être
prouvé par la Sainte Ecriture, en se réglant non
sur le sens privé de chaque individu, mais sur
l'enseignement uniforme de l'Eglise (2). »

Voici maintenant comment les ritualistes entendent cette règle de foi :

« Les sectes protestantes, disent-ils, regardent la
Bible comme la source d'où chacun doit tirer ses
conclusions par rapport à la vérité. A leurs yeux,
ce qui a été enseigné par les maîtres les plus éminents de toutes les époques compte pour peu de

(1) *Luc.* x, 21.
(2) *The Rule of Faith*, p. 36.

chose, si toutefois cela compte pour quelque
chose, en fait d'autorité. En comprenant ainsi les
choses, chaque homme devient son propre interprète de la Bible, et la Bible, si l'on en fait cet
usage, peut devenir la parole de l'homme au lieu
d'être la parole de Dieu. L'inévitable résultat d'une
telle interprétation privée c'est qu'on peut donner
de la parole de Dieu une série interminable d'interprétations différentes.

« C'est là une forme de l'erreur relativement à
l'assertion de la vérité.

« Les catholiques romains sont liés par les décrets du Concile de Trente. Ce Concile déclare
que « la vérité est contenue dans des livres écrits
et dans des traditions non écrites, et qu'il reçoit et
vénère avec un égal sentiment de piété et de respect tous les livres de l'Ancien et du Nouveau
Testament... et aussi les traditions relatives à la
foi et à la morale comme ayant été, soit par la parole du Christ lui-même, soit sous la dictée de
l'Esprit Saint, conservées dans l'Eglise par une succession ininterrompue (1).

« Ainsi la tendance de l'Eglise romaine est de
prétendre qu'un article de foi peut s'appuyer uni-
quement sur l'enseignement de l'Eglise, sans avoir
l'Ecriture pour base. »

A ces deux règles de foi qui lui paraissent l'une et
l'autre erronées, le ritualisme oppose les suivantes :

« La Sainte Ecriture est l'autorité finale dans les
questions relatives à la vérité catholique, en pre-
nant l'Eglise pour interprète de l'Ecriture, et en
l'entendant dans le sens où les Pères l'ont généralement entendue (2). »

Ainsi la différence entre les « protestants » et les
ritualistes, c'est que les « protestants » interprètent
l'Ecriture directement d'après leur sens privé, tan-

(1) Session IV.
(2) *The catholic religion.* Part. 3ᵈ, ch. VIII, p. 124 et suiv.

dis que les ritualistes n'interprètent pas l'Ecriture directement, mais seulement à travers les interpré·tations des Pères, lesquelles interprétations ils interprètent eux-mêmes d'après leur sens privé. Cette différence, on le voit, est une pure affaire de circuit.

Le sens privé des « protestants » juge quel est le sens de tel passage de l'Ecriture. Le sens privé des ritualistes détermine « le sens où les Pères l'ont généralement entendu ». Chacun d'eux le détermine à sa manière. Cela devait arriver.

Pusey, nous l'avons dit, soutient que les trépassés retirent autant de soulagement de la célébration d'une seule messe que de la célébration de plusieurs. Sur quel texte de l'Ecriture s'appuie-t-il ? Sur l'enseignement de quels Pères ?

Ce n'est pas ainsi que l'entendent les Pères, interprétés par l'Eglise catholique et par les théologiens catholiques, ou même simplement par le bon sens. C'est ainsi que l'entendent les Pères interprétés par Pusey.

Le chanoine Carter, une des grandes autorités actuelles du ritualisme, interprète les Pères et en particulier saint Cyprien, en leur faisant dire que les évêques sont égaux au pape, et n'ont de juridiction à recevoir de lui en aucun sens (1). L'Eglise catholique, comme on peut le voir par l'encyclique *Satis cognitum*, s'appuie précisément sur saint Cyprien comme sur un des grands témoins de la tradition évidente et constante d'après laquelle les évêques dépendent du souverain pontife comme de leur chef.

(1) On peut voir dans le chapitre xi de notre ouvrage : *Les Missions anglicanes*, que l'interprétation donnée par Mgr Freppel aux paroles de saint Cyprien est absolument opposée à celle que leur donne le chanoine Carter. L'interprétation de Mgr Freppel est celle de l'Eglise catholique et des théologiens catholiques. L'interprétation du chanoine Carter est celle des théologiens anglicans.

Le révérend Darwell Stone a publié en 1899 un traité du saint baptême : *Holy Baptism*, qui est très savant, et comme la plupart des ouvrages des ritualistes avancés, presque catholique. Il y soutient cependant certaines opinions portant sur des points de grande impoitance qui sont combattues par tous les théologiens catholiques et par un grand nombre de théologiens anglicans. Ceux qui combattent ces opinions soutiennent que leur doctrine est appuyée sur l'Ecriture interprétée par les Pères, et aussi sur l'enseignement uniforme de l'Eglise.

En cela, ils ont tort, dira le révérend Stone. Ils n'entendent rien aux Pères. Ils ne comprennent pas l'enseignement de l'Eglise.

Que l'on demande au D᷉ Pusey, au chanoine Carter, au révérend Stone : sur quoi vous appuyez-vous pour soutenir que vous seuls savez bien interpréter les Pères, que vous seuls avez raison et que tous les autres se trompent? Ils seront bien forcés de répondre : sur mon sens privé, sur mon propre jugement.

On pourrait multiplier ces exemples de manière à en remplir un volume. Ceux que nous venons de donner suffisent.

Dans son intéressant ouvrage intitulé : *La comédie de la convocation*, M. Marshall, ministre anglican converti, met en scène un professeur anglican qui fait ainsi le procès du ritualisme qu'il appelle aussi le puséisme :

« Le puséisme, dit-il, est simplement un ultra protestantisme... Affirmer le principe de l'autorité tandis qu'on la répudie chaque jour en pratique, voilà de quoi se glorifient ces Messieurs. Il est vrai que, pour n'être pas seuls dans le monde, ils ont affecté de transporter leur hommage à une Eglise primitive qui est purement imaginaire. Ils affectent de lui rendre une prétendue obéissance qui les dispense d'obéir à aucune autre... Aucune

secte chrétienne ni de notre temps, ni d'aucun
autre, n'a jamais affiché un tel mépris de l'autorité,
que cette autorité siège à Lambeth (1) ou au Vatican. Un papiste dit, et en cela il est au moins
logique : « Mon maître c'est mon Eglise; je lui
obéis ». Un puséiste dit, non en paroles, mais en
actes : « Mon Eglise est mon élève; je l'instruis ».
Un Français a très ingénieusement exprimé la différence entre les deux : *Le puséiste dit : l'Eglise, c'est
moi. Le catholique dit : l'Eglise, c'est nous.*

« Le nombre des religions mentionnées dans les
annales de l'humanité dépasse tous les calculs de
l'arithmétique : dans aucune on ne rencontre un
paradoxe comparable à celui qui fait le fonds de
la théologie puséiste... « obéissez-moi, disent ces
Messieurs à leurs disciples; l'obéissance est le devoir des laïques. Pour moi, je n'obéis qu'à ma propre interprétation des Pères, ou à une interprétation que j'approuve. Mon Eglise n'est pas suffisam-
ment catholique pour mériter mon obéissance (2). »

Mais personne n'a mieux caractérisé le ritualisme
que Newman devenu catholique. Le ritualisme
était son œuvre, involontaire, mais très réelle. Nul
n'avait contribué plus que lui, sans le vouloir, à
préparer cette école du sens privé. On peut com-
parer le ritualisme à une chaloupe qu'il avait frétée
et lancée, espérant lui donner une direction grâce
à laquelle elle pourrait tenir la haute mer. Un jour
il s'était aperçu que des vents impétueux et des
courants dont il ne pouvait se rendre maître la
poussaient vers des écueils, et il l'avait quittée
pour monter sur le grand vaisseau de l'Eglise
catholique. Du pont de ce vaisseau, voyant, plusieurs années plus tard, son ancienne chaloupe
toucher au grand écueil qu'il avait prévu, il jetait

(1) Le palais des archevêques de Cantorbéry, à Londres.
(2) *The comedy of convocation in the English Church*, p. 36
et suivantes.

à son équipage non des avertissements — il savait
que les avertissements seraient inutiles, — mais
ces éloquentes invectives :

« Vous êtes un corps qui n'existe que d'hier ;
vous êtes une goutte d'eau dans l'océan de ceux
qui professent le christianisme, et vous voudriez
faire la loi aux prêtres et aux prophètes... Vous
avez mission d'enseigner l'Eglise nationale qui doit
diriger l'Empire britannique, qui doit enseigner le
monde entier. Vous êtes plus savant que la Grèce ;
vous êtes plus pur que Rome ; vous en savez plus
que saint Bernard ; vous décidez quand saint Thomas avait raison, quand on doit le lire avec précaution, et quand il mérite d'être blâmé ; vous
êtes capable de mettre au jour des idées plus justes
que ne l'ont fait saint Grégoire et saint Augustin
sur la grâce et sur la pénitence, ou sur l'invocation
des saints... Vous ne suivez pas les évêques de
l'Eglise nationale ; vous désavouez ses traditions
existantes ; vous n'êtes point satisfaits de ses théologiens ; vous protestez contre ses tribunaux ; vous
vous éloignez de ses simples fidèles ; vous allez
plus loin que le *Prayer-Book*. Vous avez, sous tous
les rapports, une religion éclectique et originale
qui vous est propre. Vous ne jurez ni par Andrewes,
ni par Laud, ni par Hammond, ni par Bull, ni par
Thorndike, ni par eux tous ensemble... Presque
tous vos théologiens, sinon tous, s'appellent eux-
mêmes des protestants, et vous anathématisez le
nom. Qui fait aux catholiques autant de concessions
que vous ? Et vous restez séparé d'eux. Qui, parmi
les autorités anglicanes, voudrait parler de la
pénitence en tant que sacrement comme vous le
faites ? Qui fait une obligation des jeûnes ? Qui fait
usage du crucifix et du rosaire ? Qui réserve
l'hostie consacrée ? Qui croit aux miracles opérés
dans votre Eglise ? Qui administre comme vous le
faites, je crois, l'extrême-onction ? Sur certains

points vous préférez Rome, sur d'autres les Grecs, sur d'autres l'Ecosse, et la règle en dernier ressort de toutes ces préférences, c'est votre jugement privé.

« Que dirai-je contre une manière d'agir aussi déplacée? Dites que vous suivez une autorité, celle que vous voudrez, et je saurai où vous trouver, et je vous respecterai... Mais ne venez pas à moi avec l'opinion la plus récente que le monde ait vue, en protestant que c'est la plus ancienne. Ne venez pas à moi aujourd'hui avec des idées qui sont d'une nouveauté palpable, isolées, originales, *sui generis*, qui ne sont reconnues ni par les chrétiens, ni par les incrédules, en me défiant de répondre à ce que je n'ai vraiment pas la patience de lire. La vie est trop courte pour qu'on la passe à de pareilles bagatelles. Si vous voulez faire des prosélytes, allez à d'autres. Vous portez votre inconsistance sur votre front, mes très chers frères. Vous prétendez que vous ne faites que défendre votre propre Eglise; mais votre Eglise est loin de vous savoir gré d'une défense qu'elle ne songe nullement à s'approprier. Vous changez ses doctrines, et vous nous commandez de l'aimer à cause de vos innovations. Vous vous attachez à elle par ce qu'elle répudie, et peu s'en faut que vous ne nous anathématisiez, nous qui nous sommes convertis au catholicisme pour avoir fait une démarche qu'elle vous verrait faire avec plaisir plutôt que de suivre la ligne que vous avez adoptée. Quand nous prenons une détermination que cette Eglise anglicane est bien aise de nous voir prendre, étant données nos convictions, vous appelez cela de l'inconstance, de l'impatience et un manquement à nos devoirs, et vous pensez qu'une marque d'amour et de confiance envers elle ce serait de ne point la croire, mais de ne s'en rapporter qu'à vous. C'est à elle d'enseigner et à nous de vous croire en nous réglant sur vos recherches privées dans saint Jean Chrysostome et saint Augustin. « J'ai commencé, semblez-vous dire, par laisser de côté certaines choses et par aller aux informations. Je me suis écarté de l'enseignement que j'avais reçu. J'avais été élevé dans quelque vieux type d'anglicanisme dans l'école de Newton et de Scott, ou dans celle de Barlett, ou dans l'école libérale. J'étais un Dissident, un Wesleyen, mais par l'étude et la réflexion je suis devenu un Anglo-catholique. Alors j'ai lu les Pères, et j'ai décidé quelles expressions sont les vraies, et lesquelles ne le sont pas ; lesquelles s'appliquent à tous les temps, lesquelles sont de circonstance, lesquelles se rapportent à l'histoire, lesquelles à la doctrine ; quelles sont les opinions privées, et lesquelles font autorité ; quelles sont les choses que les Pères paraissent simplement penser et lesquelles ils doivent penser ; quelles sont les choses fondamentales et lesquelles ne sont que pour l'ornement. Ayant ainsi mesuré, découpé, rassemblé mon *Credo*, par ma propre intelligence, par mes propres élucubrations, et différant du reste du monde dans mes résultats, je vous commande formellement, je vous avertis solennellement de ne point faire ce que j'ai fait, mais d'accepter ce que j'ai trouvé, de le respecter, de vous en servir, et de le croire, car c'est l'enseignement des anciens Pères et de votre Mère l'Eglise d'Angleterre. Croyez-m'en sur parole, c'est exactement la vérité du Christ ; renoncez à votre raison, car je sais mieux cela que vous, et il est évident que si vous différez d'avis avec moi, cela vient de quelque faute morale que vous avez commise. Vous avez besoin de remède pour votre âme ; vous devez jeûner ; vous devez faire une confession générale, et vous surveiller de près, car vous êtes sur le point de devenir un ritualiste ou un infidèle. »

« Je n'ai certainement pas exagéré. Un parti formé sur de pareils principes peut-il être, en aucun sens, la continuation du parti apostolique formé il y a vingt ans ? La base de ce parti était la profession du renoncement à son jugement propre ; la base du vôtre est la profession de recourir à ce jugement privé » (1).

C'est avec raison, on le voit, qu'un des amis de Newman lui écrivait, en lui appliquant un de ses vers sur saint Grégoire de Nazianze : « Tu as pu soulever un peuple, mais tu n'as pu le gouverner » (2).

Ce parti n'était pas gouvernable. La grande illusion de Newman avait été de s'imaginer qu'il serait possible de trouver une *Via media* entre une autorité infaillible et le sens privé, entre le papisme, comme il l'appelait, et le protestantisme. « Il y a dans cette idée, observe avec justesse M. Chapman, quelque chose de très séduisant, car elle promet un catholicisme sans le pape, et la liberté sans licence » (3).

Dans un des tracts qu'il écrivit étant encore anglican, Newman avouait que ses prévisions le portaient à croire que cette navigation entre Charybde et Scylla aboutirait vite à un naufrage. Je disais que cet état de choses ne pourrait durer si les hommes se mettaient à lire et à penser. Ils « ne pourront rester dans cette situation que vous appelez Eglise anglicane ou Protestantisme orthodoxe. Ils ne pourront jamais demeurer en équilibre sur une jambe, être assis sans siège, ou marcher avec les pieds liés, ou paître dans les airs comme les cerfs de Tityre. Ils adopteront un système ou un autre, mais un système logique : le libéralisme peut-être ou l'Erastianisme, ou le Papisme

<hr>

(1) *Anglican difficulties*, p. 163.
(2) *Histoire de mes opinions religieuses*. Traduction de Georges du Pré de Saint-Maur. 2ᵉ partie, p. 96.
(3) *L'Ame anglicane*, chap. XVIII, p. 224.

ou le Catholicisme, mais ils voudront un système réel » (1).

Ce fut précisément ce qui arriva. Une fraction du parti formé par Newman alla à l'extrême droite, et l'autre à l'extrême gauche, les uns cherchant, comme leur chef, la vérité dans l'infaillibilité de l'Eglise Romaine, les autres, en bien plus grand nombre, dans leur jugement privé.

Newman nous a raconté ce qui lui arriva. « La *via media* était une idée impossible, ce que j'avais appelé « l'équilibre sur une jambe » ; et il était nécessaire d'avancer dans l'un ou l'autre sens, si je voulais conserver ce qui était pour moi l'*issue* de la controverse. »

« J'abandonnai donc le premier terrain, et j'en pris un autre » (2). Il prit un autre terrain et puis encore un autre, jusqu'à ce qu'ayant reconnu que tous ces terrains factices se dérobaient aussitôt sous ses pieds, il se plaça franchement et irrévocablement sur le terrain solide du catholicisme.

Un certain nombre imitèrent son exemple ; mais le parti en masse persista dans cette voie de tâtonnements et d'essais, allant sans cesse d'une position à une autre.

§ V. — *Position actuelle du ritualisme.*

Quelle est la position adoptée à l'heure présente par le ritualisme ?

Si nous posions la question aux représentants les plus autorisés des diverses nuances de ritualisme, nous obtiendrions autant de réponses différentes. Ce qui prouve que cette position, non seu-

(1) *Histoire de mes opinions religieuses*, 3ᵉ partie, p. 161.
(2) *Ibid.*, 4ᵉ partie, p. 232.

lement n'a rien de fixe, mais encore n'a rien de net et de précis. Sur cette question difficile de savoir quelle est la position actuelle du ritualisme, nous laissons la parole à un ritualiste, celui de tous qui est à la fois le mieux informé et le plus en vue, le savant docteur Creighton, évêque de Londres, que l'opinion publique, en Angleterre, désigne comme le futur archevêque de Cantorbéry. Le docteur Creighton est l'auteur d'une brochure publiée en 1899 et par conséquent toute récente qui a pour titre : *La position de l'Eglise d'Angleterre*. Bien entendu, ce qu'il appelle la position de l'Eglise d'Angleterre, c'est la position que le ritualisme s'efforce de lui faire prendre.

Le savant évêque de Londres débute ainsi :

« Il est bon que je commence mes observations en exprimant clairement l'objet que j'ai en vue. Je ne puis mieux le faire qu'en racontant comment le sujet que je vais traiter m'a été suggéré. Je m'entretenais avec un candidat pour l'ordination qui se disposait à partir pour les missions des Indes. Il me dit : « Je voudrais bien avoir une réponse claire à cette question : Quelle est la position de l'Eglise d'Angleterre dans la chrétienté ? Je connais les prétentions de l'Eglise de Rome. Elle se donne comme une institution universelle et divine à laquelle tous les hommes doivent appartenir. Je connais les prétentions de l'Eglise Grecque : c'est de conserver la foi catholique, et de la présenter sous des formes anciennes, intelligibles pour le simple peuple. Je ne connais aucune formule analogue qui soit propre à décrire la position de l'Eglise d'Angleterre.

« Il peut vous paraître étrange de voir poser une pareille question, ou bien qu'il puisse y avoir quelque difficulté à y répondre. Mais l'esprit anglais n'est pas fertile en définitions, et nous sommes disposés à nous féliciter de la liberté que nous prenons de ne pas nous assujettir à ce qui est pure logique. Le caractère de nos institutions c'est de s'adapter à l'œuvre à laquelle elles sont destinées. Nous jugeons de leur valeur par ce qu'elles offrent de satisfaisant pour nos besoins, et non par la facilité que nous avons de les expliquer aux autres. Il n'y a pas de définition de la Constitution Britannique, ni d'aucune de nos institutions nationales. L'Église d'Angleterre n'a jamais songé à définir quels sont ses rapports avec les autres corps, ni à exprimer aucune prétention d'être universellement acceptée. Ce qu'elle avoue être tout d'abord, c'est l'expression de la conscience religieuse du peuple anglais, et sa position dans le monde consiste dans le pouvoir qu'elle a de donner à cette conscience une éducation qui lui communique véritablement le sens de sa destinée...

« Si nous considérons les idées principales qu'on se forme sur la position de l'Eglise d'Angleterre, nous trouverons, je pense, qu'elles peuvent se ramener à trois principales.

« 1° Le système de l'Eglise d'Angleterre est principalement celui du protestantisme continental dont les limites dans ce pays ont été tracées en partie par des motifs de convenances politiques.

« 2° L'Eglise d'Angleterre est l'Eglise du Moyen Age, dont le système a été quelque peu mutilé par la démarche qui a dû être faite pour se débarrasser de la suprématie papale. Maintenant que la suprématie papale et toutes ses conséquences politiques sont choses passées et finies, la restauration de certaines parties de l'ancien système, que la peur du papisme fit écarter, est désirable.

« 3° L'Eglise d'Angleterre est un compromis entre deux tendances opposées de pensée religieuse ; et de même qu'il existe deux partis politiques qui se maintiennent mutuellement dans l'ordre, de même aussi il existe deux partis religieux entre lesquels les évêques doivent tenir la balance égale.

« Pour moi je ne puis accepter aucune de ces vues. L'Eglise d'Angleterre me paraît avoir une position propre très décidée, le plus noble qu'une institution puisse prendre, mais que son élévation même expose à être travestie et mal comprise. J'essayerai d'expliquer ma pensée.

« La formule qui exprime le mieux la position de l'Eglise d'Angleterre, c'est *qu'elle repose sur un appel à une science saine, it rests on an appeal to sound learning* » (1).

On voit que Newman ne forçait pas la note quand il faisait dire aux ritualistes : « par l'étude et la réflexion je suis devenu anglo-catholique ».

D'après le docteur Creighton, c'est là ce que l'Eglise anglicane tout entière est en droit de dire et ce qui exprime le mieux sa position : « par l'étude et la réflexion, par une science saine, je suis devenue l'Eglise anglicane. »

Pour donner une idée complète de sa position et aussi un résumé de son histoire elle n'aurait besoin que d'ajouter : « et en m'appuyant ainsi sur une science orgueilleuse, fruit de mon propre jugement, au lieu de m'en tenir humblement à l'enseignement de l'Eglise, je suis tombée depuis trois siècles, et je ne cesse de tomber tous les jours dans toute sorte d'erreurs. »

§ VI. — *Servitude imposée aux ministres angli-cans, sans en excepter les ritualistes, par les* XXXIX *articles de religion.*

Une autre explication de ces erreurs que nous ne devons pas omettre, sous peine de ne faire

(1) *The position of the Church of England by Mandel Creighton bishop of London,* p. 3, 4, 5 et 6.

connaître qu'à moitié la position des ritualistes, c'est la servitude que leur imposent les XXXIX articles de religion.

Les XXXIX articles de religion sont un formulaire de foi qui est pour les anglicans ce que la confession d'Augsbourg est pour les luthériens et que tous les membres du clergé anglican sont tenus de souscrire. Aucun clergyman ne peut recevoir l'ordination sans avoir pris par écrit l'engagement de ne rien enseigner, ni de vive voix ni par écrit qui soit contraire à la doctrine des XXXIX articles.

Or, les XXXIX articles contiennent sur un grand nombre de points de la plus haute importance une négation expresse, claire, nette et formelle de la doctrine catholique. Le XXXVII° par exemple dit :

L'évêque de Rome n'a aucune juridiction dans le royaume d'Angleterre.

Aussi quand le mouvement pour revenir aux doctrines catholiques se fut nettement accentué, les amis de Newman, qui le voyaient à la tête de ce mouvement et qui désiraient le suivre, ne purent s'empêcher de lui dire : « Qu'allez-vous faire des *articles?* (1) ».

Il y avait en effet lieu d'être embarrassé. Abandonner les *articles* c'était abandonner l'Eglise anglicane : ce que Newman, à cette époque, ne voulait pas faire. Les admettre dans leur sens obvie, clair et naturel, c'était s'écarter, et même notablement, de la doctrine catholique : ce qui était formellement contraire aux intentions de Newman et de son parti. Restait la ressource d'essayer d'expliquer ces articles dans un sens catholique.

Mais comment expliquer dans un sens catholi-

____

(1) *Histoire de mes opinions religieuses*, deuxième partie, p. 124.

que des articles comme celui que nous venons de
citer, ou bien cet autre, le XII°.

*La doctrine de l'Eglise romaine en ce qui con-
cerne le purgatoire, les indulgences, le culte et
l'adoration tant des images que des reliques, ainsi
que l'invocation des saints, est une invention frivole
qui n'est appuyée sur aucun texte de l'Ecriture,
mais plutôt contraire à la parole de Dieu.*

Il ne semble vraiment pas qu'on puisse donner
à de pareils articles un sens catholique. Les parti-
sans du Mouvement le voyaient bien. Ils pressaient
Newman et ne lui laissaient point de repos. « Par
quels accommodements de conscience arrivez-vous
à signer les *Articles ?* Ils sont directement contre
Rome », lui disaient-ils sans cesse. Le grand *leader*
se trouvait ainsi dans une impasse dont il ne pouvait sortir que par un tour de force. Il tenta ce
tour de force. Chose étrange, mais certaine, il nous
l'assure lui-même après sa conversion et nous
n'avons aucune raison de suspecter sa véracité, il
le tenta loyalement.

Démontrer que les *Articles* non pas *doivent*,
mais peuvent être interprétés dans un sens catholique, c'est à quoi s'appliqua Newman dans ce fameux tract 90 qui fit tant de bruit. « La tâche est ma-
laisée, dit M. Thureau Dangin, et il n'en vient à bout
que par des arguments singulièrement subtils(1). »
C'est le moins qu'on puisse dire. On pourra juger de
la liberté qu'il se donne par cette lettre qu'il adres-
sait au Dr Jelf pour expliquer son mode d'interprétation :

« La seule particularité de la cause que je plaide,
si je peux m'exprimer ainsi, est celle-ci : tandis
qu'il est d'usage aujourd'hui d'en chercher la

(1) *La Renaissance catholique en Angleterre au* XIXe *siècle*,
par M. THUREAU DANGIN, première partie : *Newman et le mouvement d'Oxford*, chap. IV, p. 208. Ouvrage de premier ordre
qu'on doit lire si l'on veut connaître le mouvement d'Oxford.

véritable interprétation dans *les croyances person-
nelles* de ceux qui ont rédigé les Articles, je voudrais qu'on la cherchât *dans la croyance de l'Eglise
catholique.* En d'autres termes, de même que l'on
dit souvent que dans le baptême, les enfants sont
régénérés non d'après la foi de leurs parents, mais
d'après la foi de l'Eglise, de même je dirais que les
Articles doivent être reçus, non dans le sens de
leurs auteurs, mais dans le sens catholique (autant
que le texte le permettra) (1). »

Le mal est que le texte ne le permet vraiment
pas du tout. Une fois devenu catholique, Newman
le reconnut sans peine. Tant qu'il fut anglicàn, il
se persuada de la meilleure foi du monde que ces
Articles si évidemment, si manifestement hérétiques,
étaient susceptibles d'une interprétation catholique,

Et Newman est à la fois un des génies les plus
pénétrants et une des âmes les plus droites que le
xix⁰ siècle ait produits !

Rien peut-être ne fait mieux comprendre jusqu'à
quel degré extraordinaire et vraiment invraisem-
blable, l'aveuglement peut aller chez les meilleurs
esprits, sous l'influence des préjugés héréditaires,
et du milieu dans lequel ils vivent.

Cet aveuglement de Newman pendant de longues années est encore aujourd'hui celui d'un grand
nombre, on peut même dire de la plupart des ritualistes. Ils persistent à interpréter les Articles dans
le sens de la doctrine catholique. Mais aussi ils
interprètent la doctrine catholique plus ou moins
dans le sens des Articles. Ainsi ils admettent bien
qu'on peut prier les saints, mais en même temps
ils soutiennent que les Articles n'ont pas tout à fait
tort en blâmant les pratiques superstitieuses des
catholiques sur ce point, et ils trouvent de ces

(1) *Histoire de mes opinions religieuses,* troisième partie,
p. 205.

superstitions jusque dans des prières qui en sont complètement exemptes.

Ils croient à la présence réelle, mais ils disent que les Articles ont raison d'enseigner que « la transsubstantiation du pain et du vin ne peut être prouvée par les Saintes Ecritures » et que « elle est contraire aux textes clairs de l'Ecriture ».

Par leur enseignement et leur pratique ils se déclarent pour le saint sacrifice de la messe, de cette messe abolie par la Réforme, mais ils prétendent qu'il y a du vrai dans ce que disent les *Articles*, à savoir que « les sacrifices de messes où, disait-on communément, le prêtre offrait le Christ pour les vivants et pour les morts, n'étaient que fables impies et illusions dangereuses ». Ils ne craignent pas d'avancer qu'il se trouve encore aujourd'hui dans l'Eglise catholique des croyances et des pratiques qui justifient ces déclarations des Articles.

Il en est ainsi sur toute la ligne.

Quand on examine de près la doctrine « catholique » des ritualistes, on y trouve presque toujours de l'alliage, et presque toujours aussi on reconnaît que cet alliage vient des concessions que, pour demeurer anglicans et par suite des engagements qu'ils ont pris, ils sont obligés de faire aux Articles.

Ces esprits si fiers et si indépendants qui nous reprochent de nous laisser enchaîner par les décrets du Concile de Trente et les définitions du Concile du Vatican, émanant d'une autorité divine, se laissent attacher au poteau d'un formulaire dressé par une autorité purement humaine, et qui leur est imposé par la volonté d'hommes dépourvus de toute mission d'en haut.

La vérité méconnue a parfois de ces représailles. Si nous nous arrêtons à les montrer, ce n'est nullement dans l'intention d'accabler ceux qui en sont l'objet. Bossuet dit dans la préface de son *Histoire des variations* : « Je ne crains ici qu'une chose ;

c'est, s'il m'est permis de le dire, de faire trop voir à nos frères le faible de leur réforme. Il y en aura parmi eux qui s'aigriront contre nous, plutôt que de se.calmer, en voyant dans leur religion un tort si visible; quoique, hélas! je ne songe point à leur imputer le malheur de leur naissance et que je les plaigne encore plus que je ne les blâme. »

C'est absolument dans ces sentiments que nous traçons cette courte notice sur le ritualisme. C'est pour des catholiques que nous écrivons. Ce modeste opuscule n'arrivera pas jusqu'aux ritualistes; il ne pourra les aigrir. Mais il arrivera aux catholiques et s'ils le lisent dans les dispositions voulues, il ne sera. point pour eux sans profit. « Ils apprendront à mépriser, avec la science qui enfle, l'éloquence qui éblouit; et les talents que le monde admire leur paraîtront peu de chose, lorsqu'ils verront tant de vaines curiosités et tant de travers dans les savants... On déplorera les misères de l'esprit humain et on connaîtra que le seul remède à de si grands maux est de savoir se détacher de son propre sens (1). »

§ VII. — *Efforts des ritualistes pour ramener l'Eglise anglicane à l'unité.*

Ramener l'Eglise anglicane à la doctrine catholique n'était pour Newman et pour les autres chefs du mouvement d'Oxford, et n'est encore aujourd'hui, pour les ritualistes, qu'une tâche secondaire, et pour ainsi dire incidente. Leur grande entreprise. et, comme dit M. de Pressensé, leur « gageure désespérée » c'est de restituer à l'Eglise d'Angleterre, à cette Eglise purement nationale et visiblement hérétique et schismatique, à cette Eglise insulaire

(1) Bossuet : *Préface de l'Histoire des variations.*

et séparée du reste du monde depuis trois siècles et demi, le quatre *notes* de l'Eglise telles que nous les trouvons dans le symbole de Nicée : *Et unam, sanctam, catholicam et apostolicam Ecclesiam.*

« Les *Credo* nous apprennent, dit le manuel ritualiste déjà cité, que l'Eglise fait profession de quatre notes ou marques distinctives. L'Eglise est une, sainte, catholique et apostolique (1). »

Les ritualistes sont désolés de voir qu'aujourd'hui encore, plus d'un demi-siècle après que Newman a donné l'éveil et attiré l'attention sur ce point, il y a encore un si grand nombre d'anglicans qui, loin de s'en préoccuper, semblent n'en avoir jamais entendu parler.

« Les difficultés religieuses, disait lord Halifax, dans un grand discours adressé, en juin 1899, dans la réunion annuelle de l'*English Church Union* dont il est le président, les difficultés religieuses avec lesquelles nous sommes aux prises en ce moment sont principalement dues à ce fait qu'un si grand nombre des habitants de ce pays, et parmi eux beaucoup de ceux qui font profession d'appartenir à l'Eglise d'Angleterre, ont l'habitude d'ignorer complètement le grand article du *Credo* : *Je crois en l'Eglise une, catholique et apostolique.* Ce ne fut qu'après que cet article du *Credo* eut été imposé par Newman à l'attention du public d'une manière irrésistible que le mouvement d'Oxford put commencer. Ce n'est qu'en insistant à tous risques sur cet article que l'œuvre accomplie par le mouvement d'Oxford et à laquelle sont associés pour toujours les noms de Newman, de Keble et de Pusey, peut être poursuivie et complétée. »

Ainsi l'œuvre que les ritualistes poursuivent et travaillent à compléter c'est l'œuvre entreprise par

____

(1) *The Catholic religion,* part 2d, chap. I, p. 217.

Newman en vue de rendre à l'Eglise anglicane les quatre *notes* de la véritable Eglise.

Tout d'abord les ritualistes s'efforcent de procurer à leur Eglise l'unité.

Ils voient clairement que Notre-Seigneur a fondé, non pas des Eglises, mais une Eglise, son Eglise, *Ecclesiam meam*. « L'idée d'unité, dit le manuel ou catéchisme ritualiste, se trouve au fond de toutes les figures par lesquelles l'Eglise nous est représentée dans le Nouveau Testament. Il nous parle de l'Eglise comme du Royaume des cieux, du Corps du Christ, du Temple de Dieu, de l'Epouse, des branches de la Vigne. Il n'y a qu'un Royaume, qu'un Corps, qu'un Temple, qu'une Epouse, qu'une Vigne (1). »

L'Eglise anglicane fait-elle partie de cette unique Eglise ?

« L'Eglise anglicane, écrivait Wiseman, en 1836, ne peut exhiber de connexion ou d'union avec aucune autre Eglise pour prouver qu'elle fait partie d'une plus grande communion religieuse. Ou elle est seule l'Eglise catholique, universelle, ou bien elle est hors de son sein (2). »

Par la force de l'habitude, la plupart des anglicans sont devenus insensibles à cet isolement qui dure depuis trois siècles et demi. « Il est impossible de nier la vaste extension qu'a prise parmi le peuple anglais l'indifférence à la séparation de l'Eglise d'Angleterre d'avec l'Eglise qui existe ailleurs. Que la cause doive en être cherchée dans certains traits du caractère de notre race ou dans l'histoire de notre passé, toujours est-il que le fait est clair. »

Mais les ritualistes n'en prennent pas aussi facilement leur parti. C'est un ritualiste que nous venons d'entendre, et encore un ritualiste de marque.

(1) *Ibid.*, part. I, chapit. vi, p. 56.
(2) Cité dans la *Démonstration évangélique*, t. XVII, p. 451.

Il ajoute : « La loyauté aux faits de l'histoire nous interdit absolument de donner notre assentiment à l'état de division où se trouve actuellement l'Eglise, de nous y reposer et de nous tenir pour satisfaits dans notre isolement et dans l'affaiblissement qui en résulte. Car, à la lumière des faits de l'histoire, nous ne pouvons regarder nos divisions comme étant vraiment dans les intentions du Christ (1). »

Il y a au fond de ce qu'on pourrait appeler l'âme ritualiste une aspiration vers l'unité, un besoin d'unité, et une souffrance née du sentiment de l'isolement qui éclatent parfois en des aveux singulièrement significatifs. Au mois de juillet 1899, un des correspondants du grand organe ritualiste, *The Church Times*, après lui avoir rappelé qu'autrefois « les chrétiens trouvaient partout où ils allaient la religion et les rites auxquels ils étaient habitués chez eux, *Omne solum catholico patria* », ajoutait :

« En Angleterre, n'était la présence au milieu de nous des coreligionnaires du duc de Norfolk, nous nous rappellerions rarement le fait de la division du catholicisme. Mais ce fait, dès que les anglicans mettent le pied sur le continent, tout le leur rappelle à chaque instant. Les uns le regardent comme tout naturel ; à d'autres, il cause de grands troubles, mais il est là. Et, après tout, il y en a peu qui puissent séjourner quelque temps en Bretagne ou dans un village du Tyrol sans éprouver le désir de s'unir au simple peuple, aux pauvres, à des prêtres fervents pour pratiquer avec eux le culte chrétien. Un anglican à l'esprit sérieux ne peut visiter Rome sans être impressionné de se trouver là, dans le centre historique de. la foi, au milieu des cendres des saints et des martyrs, dans

(1) *Light in the light of God. Sermon With Preface by the Rev, Darwell Stone.*

cette Rome qui fut jadis le terme du pèlerinage de notre Alfred et des Pères de notre Eglise d'Angleterre. Les anglicans qui se trouvent dans Rome sont bien décidés à demeurer fidèles à l'île qui est leur mère, et à ses enseignements ; mais ce n'est pas sans soupirer que les hommes réfléchis et les femmes sérieuses sentent leur isolement au point de vue religieux. Ils voudraient bien, si cela leur était permis, s'ils le pouvaient en conscience, non seulement s'agenouiller et prier avec des hommes qui sont membres de l'Eglise commune, mais s'unir à eux dans la sainte Communion (1). »

Nous avons déjà dit que plusieurs le font, en évitant de se déclarer ritualistes, se regardant comme à peu près, comme à moitié de la famille. Encore ceux-là même sentent-ils que, malgré tout, ils n'appartiennent pas à la Communion religieuse dans laquelle ils se glissent subrepticement et comme des intrus, et ce fait *leur cause de grands troubles.*

De plus, les ritualistes en sont venus à voir clairement et ils n'hésitent point à déclarer que pour l'unité il faut un centre et que ce centre ne peut être que Rome.

Lord Halifax est le président d'une association ritualiste qui compte plus de trente-cinq mille membres. En 1886, s'adressant à cette société à l'occasion de la célébration du vingt septième anniversaire de sa fondation, il lui disait :

« Si une autorité centrale est bonne pour la Communion anglicane, une autorité centrale doit être bonne pour l'Eglise entière... L'Eglise d'Angleterre doit-elle rester acéphale et sans aucun centre commun ? Pouvons-nous rien concevoir de plus favorable à l'unité de l'Eglise qu'un tel centre, pourvu toujours que le principe de centralisation soit accepté, de manière à sauvegarder les droits de

(1) *The Church Times,* n° du 21 juillet 1899, p. 69.

la juridiction locale ? Certainement, ceux qui reconnaissent la légitimité d'un appel de l'archevêque de Cantorbéry au conseil judiciaire, n'ont
pas à émettre des scrupules pour un appel à un
évêque chrétien. Y a-t-il un chrétien instruit qui
ne préférerait Léon XIII au Conseil privé ? »

Le 14 février 1895, dans un discours prononcé à
Bristol, qui eut un très grand retentissement, le
noble président de l'*English Church Union* alla
plus loin encore. « Autrefois, dit lord Halifax,
dans ce discours qui fut comme le point de départ
et le programme d'une grande campagne ritualiste,
autrefois, il n'y avait qu'une seule Eglise, et de
cette Eglise, et de cette unité (je parle de l'Occident que j'ai plus particulièrement en vue dans
mon discours) Rome était le symbole et le centre.
Rome fut non seulement le seul siège apostolique
de l'Occident, non seulement la gardienne des
tombeaux des grands apôtres Pierre et Paul, non
seulement elle fut glorifiée par la longue liste des
martyrs qu'elle avait enfantés, par la distinction de
ses évêques, par sa primauté reconnue et les rela-
tions étroites qui l'unissaient à toute l'Eglise d'Occident ; mais, en ce qui concerne l'Angleterre,
Rome fut la source d'où nos ancêtres saxons ti-
rèrent leur christianisme... Cantorbéry était la fille
de Rome. La beauté du spectacle que présenterait
l'Eglise d'Occident réunie une fois de plus, la dis-
parition du schisme et la paix régnant de nouveau
entre tous ses membres, doivent faire désirer à tous
le jour où l'Eglise d'Angleterre, notre propre Eglise,
que nous aimons tous, sera unie de nouveau par
les liens d'une communion visible avec le Saint-
Siège et toutes les Eglises de l'Occident... Ne crai-
gnons pas de le dire franchement, l'union avec
Rome est possible, elle est désirable. Déclarons-le
sans détour, nous désirons la paix avec Rome de
tout notre cœur. »

Ce n'est pas là la profession de foi d'un homme, mais d'un parti : le grand parti ritualiste. Le *Church Times*, qui est un de ses principaux organes, écrivait dans son numéro du 18 octobre 1895 :

« Nous avons souvent protesté, dans ces colonnes, contre une exagération illégitime du principe de centralisation ; mais l'histoire montre combien il est vain d'essayer de garder l'unité s'il n'y a un centre comme point de ralliement, et quand même il serait possible d'établir pour la chrétienté un centre d'unité autre que le Saint-Siège, il serait difficile de découvrir quels en seraient les avantages. »

Il serait facile de remplir des pages entières de pareils témoignages.

L'union avec Rome, non pas entendue dans le sens catholique, malheureusement, mais une *certaine union* s'impose aux ritualistes par leur conception même de la papauté, par la conception qu'ils représentent comme la seule vraie. D'après eux, le Pape est *le Primat de toute l'Eglise, The Primate of the whole Church*. Dès lors, la question de l'union de l'Eglise anglicane avec Rome peut bien être ajournée, elle ne saurait être écartée d'une manière définitive. Aucun vrai ritualiste ne songe à l'écarter. Cette question s'est même, depuis un demi-siècle, présentée à un grand nombre d'entre eux d'une manière si forte et si pressante qu'elle a été le principe de leur conversion au catholicisme. Ils ont dit aux chefs du parti ritualiste : Vous nous présentez de belles cérémonies, et une doctrine que vous assurez être celle de la primitive Eglise ; tout cela est fort bien ; mais il nous faut un chef et un centre. Ce centre et ce chef, l'Eglise catholique seule les possède : nous passons à l'Eglise catholique.

Pour enrayer le mouvement de conversions et

pour se rassurer eux-mêmes, les ritualistes ont inventé, du reste de la meilleure foi du monde, l'utopie de l'*union en corps* et la théorie de la *suspension*.

L'union avec Rome dont lord Halifax parlait dans le discours dont nous avons cité des extraits, c'était l'union de l'Eglise anglicane à l'Eglise catholique. Cette union n'est pas encore accomplie, disent les ritualistes ; notre devoir, le seul qui nous incombe, est d'y travailler. Un jour ou l'autre, elle s'accomplira. En attendant, nous pouvons demeurer en paix dans notre Eglise.

Eh quoi ! demeurer de manière à y vivre et à y mourir, dans une Eglise schismatique et hérétique ? — Notre Eglise n'est ni schismatique, ni hérétique, répondent les ritualistes, et nous n'avons pas à la quitter. « La réunion générale, disait lord Halifax dans le fameux discours de Bristol, dont nous avons cité des passages, la réunion générale, voilà notre désir ; quant à nous séparer individuellement de notre Eglise, c'est une idée qui ne nous vient même pas... Si on nous demande de renoncer à la communion avec l'Eglise d'Angleterre, en donnant pour raison qu'elle est hérétique, nous répondrons : il n'y a rien dans sa doctrine autorisée qui ne soit enseigné dans les chaires et dans les catéchismes de l'Eglise romaine elle-même. »

On a vu plus haut ce qu'il faut penser de cette prétendue orthodoxie de la doctrine chez les ritualistes.

De même qu'ils croient échapper à l'hérésie par la pureté de leur doctrine, ils s'imaginent pouvoir se laver du reproche de schisme grâce à la fameuse théorie de la « suspension » inventée par Pusey. Le ritualisme soutient, en s'appuyant sur l'autorité du célèbre docteur, et en faisant valoir les arguments spécieux qu'il a mis en avant, que la primauté du Pape n'est pas d'institution divine, mais seulement d'institution ecclésiastique, et que la communion entre l'Eglise anglicane et l'Eglise romaine n'est pas rejetée en principe et d'une manière définitive, mais seulement *suspendue de fait* par des événements malheureux, dont les anglicans d'aujourd'hui ne sont point responsables, et contre lesquels leur conscience ne saurait leur faire un devoir de protester en abandonnant leur Eglise.

Nous ne pouvons nous expliquer, nous autres Français, l'impression que cette théorie, dont la faiblesse saute aux yeux d'un catholique de naissance, produit sur l'esprit des anglicans même les plus intelligents et les plus instruits.

L'union en corps désirée, espérée, poursuivie, est le point d'appui nécessaire, le *substratum* indispensable de cette théorie de la « suspension ».

Supprimez cette perspective d'une union avec Rome sans sortir de l'Eglise anglicane, et le ritualisme perdra son dernier retranchement. Il ne verra plus sa voie et se trouvera désorienté. Les ritualistes, en effet, reconnaissent, au moins un certain nombre, que la position de l'Eglise anglicane depuis trois siècles est anormale et irrégulière et telle qu'on ne pourrait y faire son salut, si cette position était *définitive*. Mais, disent les ritualistes, elle n'est que *provisoire*. Elle n'est que provisoire parce qu'on peut arriver à une certaine réunion avec Rome.

Du reste, cette idée d'une *union en corps, corporate union*, de l'Eglise anglicane avec l'Eglise catholique est bien antérieure au ritualisme. Des négociations, dans le but de procurer cette union, eurent lieu au xviie et au xviiie siècles. Un bénédictin, le Père Léander, et un oratorien, le Père Panzani, furent envoyés en Angleterre, le premier en 1632 et le second en 1634, par le pape Urbain VIII, pour étudier la situation et juger si elle offrait quelques espérances au point de vue

d'une union en corps. Cette tentative n'aboutit
pas. Elle fut reprise en 1717 sans plus de succès.
En 1824, un évêque d'Irlande fit un nouvel essai
et ne fut pas plus heureux.

La campagne récente, entreprise et conduite par
lord Halifax, a fait plus de bruit que les précé-
dentes et son échec a eu plus d'éclat.

Les ritualistes mettaient à leur union avec Rome
deux conditions :

La première, c'est qu'on reconnaîtrait leur Eglise
comme une partie de l'Eglise universelle, et non
comme une société schismatique et hérétique dont
ils seraient obligés de sortir.

La seconde, c'est que Rome déclarerait que leurs
ordinations sont valides.

Or, Léon XIII a solennellement rejeté la première condition par l'Encyclique *Satis cognitum*
le 29 juin 1896. Il y enseigne que « de par la volonté et l'ordre de Dieu, l'Eglise est établie sur le
bienheureux Pierre, comme l'édifice sur son fondement ». Puis il ajoute :

« Par où l'on voit clairement que les évêques
perdraient le droit et le pouvoir de gouverner, s'ils
se séparaient sciemment de Pierre ou de ses suc-
cesseurs. Car, par cette séparation, ils s'arrachent
eux-mêmes du fondement sur lequel doit reposer
tout l'édifice, et ils sont ainsi mis en dehors de
l'édifice lui-même ; pour la même raison, ils se
trouvent exclus du bercail que gouverne le Pasteur
suprême, et bannis du royaume dont les clefs ont
été confiées par Dieu à Pierre seul. »

Voilà contre le schisme. Voici maintenant contre
l'hérésie ou si l'on veut la demi-hérésie de ces ritualistes qui admettent, en fait de doctrine, *presque*
tout ce que nous admettons :

« Rien ne saurait être plus dangereux que ces
hérétiques qui, conservant en tout le reste l'inté-
grité de la doctrine, par un seul mot, comme par

une goutte de venin, corrompent la pureté et la simplicité de la foi que nous avons reçue de la tradition dominicale, puis apostolique. »

La seconde condition a été non moins fortement rejetée, le 13 septembre 1896, par la Bulle *Apostolicæ curæ*, où Léon XIII dit :

« Nous prononçons et déclarons que les ordinations conférées selon le rit anglican ont été et sont absolument vaines, entièrement nulles. »

Les ritualistes ont refusé et refusent encore d'admettre ces enseignements, ces déclarations, et ces condamnations du Pape. Ils prétendent que Léon XIII s'est laissé circonvenir et ne voient dans leur échec que le résultat des intrigues des catholiques anglais. Ils espèrent être plus heureux sous un autre pontife, et ils ne renoncent nullement à leur projet d'union en corps. Ce projet fait partie essentielle du ritualisme tel qu'il est aujourd'hui constitué.

§ VIII. — *Efforts des ritualistes pour donner à l'Eglise anglicane la note de la sainteté.*

Les ritualistes n'ont pas fait moins d'efforts pour arriver à donner à leur Eglise la note de la sainteté que pour lui rendre celle de l'unité.

Non seulement ils admettent les sept sacrements, mais ils s'appliquent à en retirer tous les fruits de sanctification qu'ils sont de nature à produire. Les ministres ritualistes célèbrent tous les jours ce qu'ils croient être la sainte messe ; ils se confessent régulièrement. Ils exhortent les fidèles à s'approcher souvent, et en d'excellentes dispositions, des sacrements de pénitence et d'eucharistie. De fait, ces deux sacrements sont fréquentés parmi eux.

Ce ne sont pas seulement des pratiques de dévotion empruntées au catholicisme qu'on a vu reparaître parmi les ritualistes, des pratiques telles que le chemin de la croix et le mois de Marie, ce sont des pratiques de mortification et de pénitence, le jeûne, l'usage de la discipline. Non seulement ils étudient nos livres de spiritualité, saint François de Sales, le Père Faber, mais ils s'appliquent à pratiquer leurs conseils. Ils ne se bornent pas à lire les *Exercices de saint Ignace*, ils les suivent. Ils donnent et reçoivent des retraites. Ils connaissent et apprécient la méthode d'oraison de Saint-Sulpice.

Un certain nombre de ministres ritualistes pratiquent la continence. Bien plus, les ritualistes ont constitué des ordres religieux d'hommes et de femmes. Les religieux anglicans sont encore peu nombreux ; mais ils vivent en communauté, suivent une règle, et ressemblent beaucoup à nos religieux. Il existe même une congrégation religieuse : *La société des saintes missions*, destinée aux missions étrangères (1).

Le *Church Times* publiait, dans son numéro du 24 novembre 1899, une lettre du révérend Quilter qui était un chaleureux appel en vue d'arriver à fonder « un ordre anglican de dominicains, *an anglican dominican order*. » Ces Frères prêcheurs anglicans seraient comme les Frères prêcheurs catholiques « soumis aux trois vœux d'obéissance, de célibat et de pauvreté, *under the threefold vow of obedience, celebacy and poverty* ».

Dans la lettre assez longue du révérend Quilter la cause des dominicains anglicans est plaidée éloquemment, habilement et solidement. Et ce

---

(1) Le chapitre x du volume : *Les Missions Anglicanes*, que nous venons de publier est consacré entièrement à *La société des saintes missions*. Nous y renvoyons nos lecteurs.

n'est pas pour la première fois. Il est probable que cette cause finira par triompher.

Ces quelques traits suffiront, croyons-nous, par donner une idée du mouvement ritualiste en vue de ne point laisser plus longtemps à l'Eglise catholique le monopole de la *note* de la sainteté.

§ IX. — *Prétentions des ritualistes à la catholicité.*

Tous les efforts dont nous venons de parler ne sont rien en comparaison de ceux que les ritualistes ne cessent de tenter pour se donner une apparence de catholicité. Catholiques ils soutiennent qu'ils le sont autant que nous, plus que nous. Ils affectent de s'en arroger le nom. Ils y mettent une ostentation bruyante et une insistance extraordinaire.

« Nous sommes baptisés, disent-ils, dans *la sainte Eglise catholique*. Dans nos offices de chaque jour nous faisons profession d'être *catholiques*. Nous renouvelons cette profession chaque fois que nous faisons la Sainte Communion (1).

« Depuis bien des années nous ne cessons de réclamer nos droits à la catholicité. En cela nous ne discutons pas sur une bagatelle au moins. Il n'y a qu'une Eglise, et cette Eglise est l'Eglise catholique. Si nous ne sommes pas catholiques, nous n'appartenons pas à l'Eglise, nous ne sommes chrétiens que de nom.

« La croyance en une Eglise sainte, catholique et apostolique est un des articles du *Credo*. Il vient immédiatement après la profession de foi en Dieu, ce qui indique assez sa haute importance.

(1) *The protestantism of the English Church*. Dissertation publiée dans le n° du 13 janvier 1899 du *Church Times* par le Rev. AIDAN HIBBERT.

« Le nom de *catholique* remonte jusqu'au temps de saint Ignace martyr, et a été constamment employé pour désigner la véritable Eglise et la distinguer des hérétiques ou des sectes qui font profession de croire en Jésus-Christ, mais qui mêlent à cette foi des sentiments et des pratiques qui leur sont propres...

« Et maintenant quelle est la position de l'Eglise d'Angleterre relativement à la catholicité ? Les Romanistes nient nos droits à la réclamer pour nous, mais leurs objections étant simplement basées sur notre refus de reconnaître les prétentions déplacées de la Papauté, nous les méprisons comme frivoles (1). »

On vient d'entendre un des grands avocats de la cause ritualiste, le *Church Times*.

C'est ainsi que ce nom de *catholique*, qui pendant trois siècles fut considéré en Angleterre comme une injure, a été réhabilité dans ce pays par les anglicans eux-mêmes. Sans doute aujourd'hui encore, dans plusieurs parties de l'Angleterre, les gens de la basse classe se servent de ce mot comme d'une expression injurieuse. Mais en retour, dans beaucoup d'endroits, notamment dans les grandes villes, à Londres surtout, ce mot *catholique* est employé aujourd'hui non plus pour désigner des catholiques, mais des ritualistes. C'est à ne plus s'y reconnaître.

Vous êtes en Angleterre, et vous parlez religion sur le bateau, dans le chemin de fer, ou dans une excursion au bord de la mer — en Angleterre on parle religion partout — vous parlez religion avec quelqu'un que vous rencontrez en passant. Vous vous apercevez dans le cours de la conversation que votre interlocuteur croit à la Présence Réelle, à la sainte messe, et même qu'il communie sou-

____

(1) *The Church Times,* n° du 27 janvier 1899.

vent ; vous lui dites, sans avoir du reste à ce sujet l'ombre d'un doute : « Bien entendu, vous êtes catholique. — Certainement. »

La conversation continue et amène la question sur le Pape ; tout aussitôt votre homme déraille. « — Vous n'admettez pas la suprématie du Pape ? — Assurémeut non. Je laisse cela aux Romanistes. »

Ce « catholique » est un ritualiste.

Les ritualistes se font appeler « catholiques ». Ils donnent à leurs églises le nom d'églises « catholiques ».

Il y a quelques années, pendant que nous habitions Londres, un des confrères anglais avec qui nous vivions en communauté, le Père Cummings, reçut une invitation par lettre à prêcher dans une paroisse catholique de Londres qu'il ne connaissait pas encore et dont il n'avait jamais vu le curé. Il accepta. Au dimanche fixé il se mit en route pour tenir son engagement, mais, chemin faisant, il oublia l'adresse exacte de l'église. Il s'en inquiéta peu : il savait le quartier, la rue, le square. Arrivé là il aborde un policeman : « Où est l'église catholique, s'il vous plaît ? — Tel numéro, Monsieur ». Trois minutes après le confrère de qui nous tenons ces détails entrait dans une sacristie fort propre et bien tenue où s'achevaient les préparatifs pour l'office du soir. Des enfants de chœur en soutane et en surplis étaient rangés autour d'un monsieur à l'air distingué, également en soutane et en surplis, et se disposaient à faire leur entrée dans l'Église. Le prédicateur s'excuse d'arriver si juste à l'heure, presque en retard. « Mais, Monsieur, nous ne vous attendions pas. — Comment donc ! C'est bien ici l'église catholique ? — Parfaitement ; mais il n'y a pas de sermon ce soir. — J'ai été invité par le Père un tel : n'est-ce pas vous ? — Nullement ! c'est le prêtre qui dirige l'église catholique romaine qui se trouve tout près d'ici, à tel numéro. D'ailleurs,

ajouta de la meilleure grâce du monde le monsieur
en surplis, nous nous féliciterons de cette légère
méprise, si vous voulez bien nous donner votre
sermon. Nous serons très heureux de l'entendre. »

Naturellement le prédicateur déclina cette invitation si gracieusement improvisée et il alla porter
son sermon à d'autres catholiques.

A peu près vers la même époque, deux demoi-
selles espagnoles, les deux sœurs, furent amenées
à venir fixer leur domicile à Londres, au moins
pour quelque temps. Elles étaient fort pieuses. Un
de leurs premiers soins, quand elles eurent pris un
logement, fut de s'enquérir de l'église catholique
qui se trouvait la plus rapprochée. On leur indiqua
une église du voisinage. En même temps, comme
elles ne savaient pas l'anglais, mais qu'elles par-
laient assez bien le français, elles s'adressèrent
pour les confessions à un prêtre français qui était
à la tête d'une paroisse catholique de Londres, le
Révérend Père Chaurain. Après qu'elles eurent
passé plusieurs mois à Londres, un jour qu'elles
faisaient une visite au Père Chaurain, il leur de-
manda, dans le courant de la conversation, dans
quelle église elles entendaient la messe. « Dans
l'église catholique de telle rue, tel numéro », lui
répondirent-elles. Le Père Chaurain, qui habitait
Londres depuis plus de trente ans, reconnut à cette
adresse une église ritualiste. Il engagea ses péni-
tentes à fréquenter désormais une autre église catholique.

Ce mot de catholique fait partie d'un dialecte
nouveau qu'il est nécessaire de connaître sous
peine de ne rien comprendre à certaines revues.
Vous lisez dans le *Church Times*, par exemple,
nº du 11 septembre 1896, le petit entrefilet suivant :

« Nous avons le regret d'annoncer la mort d'un
prêtre bien connu, M. Abbot, qui fut pendant
quarante ans curé de Christ Church, dans le quar-

tier de Clapham. M. Abbot, quand il commença son œuvre dans ce quartier, fut un des pionniers du mouvement catholique dans la partie sud de Londres. La dignité et la décence des offices qu'il établit dans son église attirèrent naturellement une attention considérable — accompagnée chez les uns de bienveillance et chez les autres d'hostilité — de telle sorte que, durant de longues années, le curé et son église furent particulièrement en vue. A mesure que les principes catholiques firent des progrès dans le voisinage, Christ Church cessa, heureusement, d'être un rare exemple d'une paroisse bien organisée, et son curé de fournir un modèle rare d'un curé travaillant dans une direction catholique. »

Vous croyez, n'est-ce pas, qu'il s'agit d'un prêtre catholique ? Vous vous trompez. M. Abbot était un ministre anglican.

En vérité, il ne serait pas nécessaire que ce vocable prît une extension beaucoup plus grande pour introduire dans le langage une confusion telle que, sur certains points, il ne serait plus possible de se comprendre. Sans doute, quand on nous parle de Sa Majesté très catholique le roi d'Espagne, nous comprenons bien encore qu'il ne s'agit pas d'un roi luthérien, calviniste ou anglican. Quand on nous dit qu'il existe une université catholique à Washington, l'idée ne nous vient même pas qu'on veuille nous parler d'une université protestante. La confusion n'est pas encore complète, mais elle s'opère rapidement. Grâce aux ritualistes, nous sommes en route pour Babel.

Même renversement d'idées au sujet du mot *protestant*.

Rien, en effet, n'égale l'attrait des ritualites pour le nom de *catholiques* si ce n'est leur horreur pour le nom de *protestants*. Vous pouvez les appeler schismatiques, hérétiques et de tel autre nom

qu'il vous plaira, ils vous le pardonneront aisé-
ment, mais ne les appelez pas *protestants*. De
toutes les injures, c'est la plus grande que vous
puissiez leur adresser.

Mais le nom de *protestants*, qu'ils repoussent
comme une injure, ils le prodiguent très géné-
reusement aux autres, non pas seulement aux cal-
vinistes et aux luthériens, mais à tous ceux de
leurs frères les anglicans qui ne partagent pas
leurs idées. Ils affectent de les appeler dédaigneusement des « protestants ».

Ce nom de *protestants*, les anglicans de la Basse
Eglise ont conscience de le mériter et ils s'en font
gloire. Ce qui les indigne et les révolte, c'est que
les ritualistes fassent de ce nom, à leur avis, très
glorieux, un terme de mépris ; c'est qu'ils s'arro-
gent le droit d'établir dans l'Eglise d'Angleterre
deux catégories inconnues pendant trois siècles :
la catégorie des *catholiques* et la catégorie des
protestants. Ils prouvent, les chiffres en main, à
ces prétendus catholiques que, si ces catégories
reposaient sur autre chose que sur une pure fan-
taisie, il n'y aurait plus d'Eglise d'Angleterre. Si
cette Eglise est catholique, tous ceux qui acceptent
ses formulaires, le *Prayer-Book* et les XXXIX articles, et y conforment leur foi, et sont soumis à
sa hiérarchie, sont catholiques. Si, au contraire,
cette Eglise est protestante, tous ses membres sont
protestants. Est-ce que vous constituez seuls l'Eglise
d'Angleterre ? demandent les « protestants » à
leurs frères les « catholiques ». Alors comptez-
vous, et dites-nous ce qu'est devenue l'Eglise d'Angleterre.

Les ritualistes répondent que l'Eglise d'Angleterre est une Eglise catholique, dont la plupart
des membres sont protestants. Comment la grande
majorité des membres d'une Eglise catholique
peuvent être protestants, ou, ce qui revient au

même, comment une Eglise peut être catholique alors que la plus grande partie de ses membres sont protestants ; et, chose plus étrange, comment cette Eglise a pu être catholique pendant trois siècles, alors que tous ses membres, ou à peu près tous, étaient protestants, c'est là un mystère dont jusqu'ici les ritualistes ont jugé à propos de garder le secret pour eux. On pense, généralement, qu'ils seraient fort embarrassés pour le divulguer.

§ X. — *Prétentions des ritualistes à l'apostolicité.*

Les ritualistes ne tiennent pas moins à la note de l'apostolicité qu'à celle de la catholicité. Ils comprennent aussi bien que nous que sans apostolicité il n'y a pas d'Eglise. Voici comment le manuel : *The catholic religion* s'exprime à ce sujet :

« La prétention d'une partie quelconque de l'Eglise à faire vraiment partie de l'Eglise catholique est entièrement subordonnée à la succession apostolique. En dehors de cette succession, il n'y a pas de ministère chrétien. La possession d'un ministère uni en droite ligne aux apôtres et le maintien de la foi catholique constituent la différence entre une Eglise et une secte. Il arrive ainsi que la question de la validité de nos ordres, c'est-à-dire la question de savoir si les évêques et le clergé de l'Eglise d'Angleterre ont été validement ordonnés est d'une importance vitale (1). »

Cette question étant résolue pour les catholiques, celle de l'apostolicité de l'Eglise anglicane l'est par la même. D'ailleurs, cette dernière question est résolue d'une autre manière encore. En se séparant du chef de l'Eglise, les évêques anglicans,

(1) *The catholic religion*, part. 2ᵈ, chap. v, p. 103.

eussent-ils été validement ordonnés, se sont par
là même séparés de l'Eglise, et sont sortis de la
ligne apostolique.

Ce sont là des vérités évidentes, mais que les
ritualistes, aveuglés par les préjugés anglicans, ne
voient point. « La succession apostolique, disent-
ils, fut continuée sans rupture, les évêques étant
sacrés pendant la période de la Réforme par des
évêques appartenant à la période qui avait précédé,
et par là même à la ligne apostolique. Les sacrements, qui empruntaient leur valeur à la succession apostolique, furent continués. L'appel à l'antiquité, comme *critérium* de la doctrine, fut plus
clair que jamais. Et ainsi l'Eglise d'Angleterre qui
est sortie de la Réforme est une branche vraie et
vivante de l'Eglise du Christ, une, sainte, catholique et apostolique (1). »

L'archevêque Bramhall avait déjà dit :

« Ce n'est pour moi l'objet d'aucun doute que
l'Eglise d'Angleterre d'avant la Réforme et l'Eglise
d'Angleterre d'après la Réforme, ne soient une
seule et même Eglise, absolument comme un jardin avant qu'il ait été sarclé et un jardin après
qu'il a été sarclé est le même jardin, ou comme
une vigne avant qu'elle ait été taillée et débarrassée
de ses branches luxuriantes et après qu'elle a été
taillée, est bien la même vigne (2). »

On ne saurait mieux exprimer la conception ritualiste de l'apostolicité de l'Eglise d'Angleterre.
« Nous prétendons, disent-ils, être les membres de
cette branche de l'Eglise que le Christ est venu
fonder ici-bas, qui a été établie dans ce pays depuis les temps de saint Augustin, de saint Aidan
et de saint Chad, et nous repoussons les préten-

---

(1) *Ibid.*, chap. IV, p. 100.
(2) *Archbishop's Bramhall works*, I, 2.

tions de la mission romaine à être l'Eglise catholique (1). »

« L'Eglise d'Angleterre, disent-ils encore, a conservé la succession apostolique essentielle pour la validité du ministère. Ce n'est point elle qui a commencé le schisme. C'est le Pape lui-même qui l'a commencé en excommuniant la reine Elisabeth et ses adhérents (2). »

Cet argument est souvent répété par les ritualistes.

Ils protestent énergiquement contre cette idée que l'Eglise d'Angleterre est une institution nationale établie par le pouvoir séculier. « Notre Eglise a-t-elle été faite par l'Etat, disait sir Walter Phillimore à une des réunions de l'*English Church Union*, au mois de mai 1899, ou bien est-elle celle qui existait déjà et à laquelle l'Etat a prêté son aide et sa protection ? Si l'Eglise a été faite par l'Etat, elle n'a pas plus de titres à notre respect que son auteur, elle n'est qu'une institution humaine sans origine divine, et personne n'a à croire en elle. Elle ressemble à la pièce de bois dont parle l'écrivain classique, et dont le sculpteur se dit : en ferai-je un escabeau ou en ferai-je un dieu ? Mais si cette Eglise enseigne la religion qui a été révélée par Dieu lui-même, elle ne peut être l'œuvre de l'Etat. »

Ces affirmations, ces protestations, ces arguments tranquillisent les ritualistes. Au contraire, ils amusent ou exaspèrent les membres de la Basse-Eglise, les « protestants ». Comme ils soutiennent, en s'appuyant sur les *Homélies*, que l'Eglise Romaine, à l'époque de la Réforme, était plongée depuis plus de huit cents ans dans une idolâtrie où

(1) Dissertation déjà citée du rév. Aidan Hibbert dans le n° du 13 janv. 1899 du *Church Times*.
(2) *The Church Times*, n° du 27 janvier 1899.

elle croupit encore aujourd'hui, ils se soucient peu de dire qu'ils ont recueilli sa succession et qu'ils en sont les continuateurs.

Au congrès de l'Eglise anglicane tenu au mois d'octobre 1896 à Shrewsbury, quand on eut entendu l'évêque de Peterborough, l'évêque de Southwell et M. Wakeman, tous «catholiques», soutenir la thèse de l'apostolicité de l'Eglise anglicane, un vieux clergyman, le révérend Alcock, curé de Wellington, se leva et dit avec un grand accent de conviction :

« Je regrette vivement de ne pouvoir partager l'avis des orateurs distingués que le congrès vient d'entendre. Mais je tiens pour chose certaine et clairement prouvée par l'histoire, qu'avant la Réforme l'Eglise d'Angleterre était l'Eglise du Pape, l'Eglise Romaine, et qu'après la Réforme, elle devint une Eglise épiscopalienne protestante. (Eclats de rire et exclamations répétées : Oh! oh!) Ces Messieurs qui disent : oh! semblent avoir oublié que l'archevêque de Cantorbéry, au nom du corps épiscopal, et agissant comme le représentant de toute la nation, a demandé à la Reine, le jour de son couronnement, si elle était disposée à protéger la religion réformée, protestante, établie par la loi.

« Le docteur Pusey a posé en principe dans une lettre remarquable qu'une assertion délibérée d'un évêque doit être d'un grand poids auprès du clergé anglican. Or, voici ce que dit feu le docteur Short, évêque de Saint-Asaph, dans un ouvrage bien connu qui lui valut, si je ne me trompe, son élévation à l'épiscopat :

« *L'Eglise d'Angleterre commença à cesser de faire partie de l'Eglise de Rome sous le règne de Henri VIII. Jusqu'au règne d'Edouard VI, c'est à peine si l'on pouvait l'appeler protestante. Mais durant le court règne d'Edouard VI, elle devint ex-*

trêmement protestante, et, en ce qui regarde la doctrine, elle prit la forme qu'elle possède actuellement. Le pas fut fait par le décret du gouvernement plutôt que par le vœu de la nation. Les gens étaient trop ignorants pour se former une opinion par eux-mêmes. Cranmer et le Protecteur établirent une religion du Parlement. »

« Entre l'Eglise d'Angleterre d'avant la Réforme et celle d'après la Réforme, les contrastes sont tellement sensibles qu'on a raison de les considérer comme deux Eglises différentes. (Non ! non !) Avant la Réforme le Pape était reconnu dans ce pays comme le chef de l'Eglise. (Non ! non !) Il était certainement la tête de l'Eglise catholique romaine en Angleterre. (Non ! non !) Avant la Réforme le Pape était la tête de l'Eglise d'Angleterre au point de vue de la doctrine. Après la Réforme la Reine en est devenue la tête visible. (Non ! non ! jamais !) Si les deux Eglises n'ont pas la même tête, ce sont donc deux Eglises différentes. Ces deux Eglises sont différentes pour une autre raison encore. La fonction des prêtres de Rome est de célébrer la messe, et l'Eglise anglicane a déclaré que cette célébration est un blasphème et une fable. »

Si les contradicteurs du révérend Alcock ont raison, si l'Eglise anglicane est la continuation ininterrompue de l'Eglise de saint Augustin, de saint Anselme et de saint Thomas Becket, il suit de là que la seule Eglise schismatique, qui se trouve en Angleterre, c'est l'Eglise dont Léon XIII est le chef et que les anglicans appellent dédaigneusement « la mission italienne ». Les ritualistes ne reculent point devant cette conséquence. Dans le sermon d'ouverture du congrès de Shrewsbury l'archevêque d'York, bien connu par ses opinions ritualistes, avait dit que la bulle *Apostolicæ curæ* est « une déclaration du Pape en faveur de ceux qui, pendant les cinquante dernières années (c'est-à-dire depuis le rétablissement de la hiérarchie en Angleterre) ont créé un schisme romain dans le royaume d'Angleterre ».

Mais alors pourquoi les ritualistes se donnent-ils tant de peine pour arriver à une *union en corps* avec ces schismatiques et ces intrus ? Ne les pressons pas trop. C'est ici surtout qu'il faut dire avec Bossuet : « Je ne crains ici qu'une chose : c'est, s'il m'est permis de le dire, c'est de faire trop voir à nos frères le faible de leur Réforme. »

Les ministres anglicans, quand ils sont devenus catholiques, n'apportent pas toujours dans leurs réfutations des prétentions des ritualistes à l'apostolicité, les ménagements de forme qu'y apportait Bossuet. On sent qu'en voyant qu'on les a trompés, et qu'on en trompe tous les jours un grand nombre d'autres par des théories sans valeur, et des systèmes qui ne se tiennent pas debout, et des raisons qui ne supportent pas l'examen, l'indignation les emporte.

Un d'entre eux, M. Marshall, a publié deux ouvrages : *La Comédie du protestantisme anglais* et *La Comédie de la Convocation* (sorte de synode anglican) où à une verve caustique se mêlent parfois des philippiques d'une singulière éloquence. Dans *La Comédie du protestantisme anglais* il suppose une discussion au cours de laquelle le président de la réunion pose cette question : *N'est-il pas possible de regarder la continuité catholique comme étant l'héritage de l'Eglise anglo-catholique?* Alors un certain M. Armytage se lève et répond avec emportement :

« Non, Monsieur, cela est impossible à tous égards... Les membres modernes de la Haute Eglise, du haut du trône de leur insularisme regardent en face l'Eglise catholique et lui disent : *Vous* êtes dans l'erreur. *Nous* sommes seuls les suprêmes arbitres de la vérité catholique. *Nous* sommes seuls les héritiers de la primitive Eglise. Notre infaillibilité va jusqu'à pouvoir juger notre propre Eglise, et bien entendu celle du Moyen Age, et, tout naturellement, le Saint-Siège, et, dans la plénitude de notre sagesse apostolique, nous prononçons que nous possédons l'apostolicité... Je demande qu'on veuille bien me dispenser de répondre sérieusement à cet argument. Je ne puis pas renverser mon intelligence. Je ne puis voir de continuité dans la succession des choses les plus opposées. Je ne puis admettre que l'obéissance soit continuée par la désobéissance, l'infaillibilité de l'Eglise catholique indivise par l'infaillibilité personnelle et individuelle, le suprême pontificat de saint Pierre par la primauté spirituelle de la Reine Victoria, de son Parlement et de son Conseil privé, le saint sacrifice de la messe par une forme parlementaire de service divin, la dévotion à la sainte Vierge par le manque de respect envers elle, la doctrine des sept sacrements par une doctrine mutilée qui n'en admet que deux, un clergé célibataire par un clergé marié, la confession habituelle par la suppression de la confession... les conciles généraux par les XXXIX articles... Tant que le chaos ne sera pas la continuation de l'ordre divin, ou les contraires la continuation de l'identique, l'Eglise d'Angleterre ne peut établir sa prétention à son identité catholique avec l'Eglise une, sainte et indivise du Christ (1). »

Une autre utopie des ritualistes, qui se rattache à celle de vouloir rendre leur Eglise une, sainte, catholique et apostolique sans qu'elle cesse d'être l'Eglise anglicane et sans la soumettre à l'autorité pleine et entière du Souverain Pontife, c'est l'entreprise qu'ils ont formée de l'arracher à l'esclavage du pouvoir civil.

Le 28 février 1899, sept cents membres de l'*En-*

____

(1) *The Comedy of English Protestantism*, p. 236.

glish Church Union se réunissaient, à Londres, sous la présidence de lord Halifax, et ils adressaient à la Reine une *Déclaration* dans laquelle ils disaient :

« Nous avons nié et nous nions de nouveau que la Couronne ou le Parlement ait le droit de régler la doctrine, la discipline et le cérémonial de l'Eglise d'Angleterre. Nous serons heureux de souffrir, s'il le faut, pour soutenir nos convictions. Nous souffrirons joyeusement. »

La suprématie de l'Etat sur les choses spirituelles est de l'essence même de l'Église d'Angleterre et le fondement sur lequel elle repose depuis la Réforme. Enlever ce fondement serait renverser cette Eglise.

Tout le monde voit cela, excepté les ritualistes. Ils se sont récriés contre la décision des archevêques de Cantorbéry et d'York en date du 31 juillet 1899, interdisant l'encensement pendant l'office. Et cependant, comme l'a très justement fait remarquer le *Tablet*, « il est difficile de voir comment les archevêques auraient pu donner une décision différente... Les ritualistes peuvent sentir très vivement qu'ils ont le droit de se servir d'encens, attendu que cet usage est universel et que c'est la pratique de l'Eglise d'Orient aussi bien que de l'Eglise d'Occident ; mais comment invoquer ce principe devant des archevêques et des évêques anglicans, qui savent que toute la Réforme anglicane en est la négation ? Ils savent que, si cet argument prouve quelque chose, la première chose qu'il prouve, et d'une manière concluante, c'est que leur mariage est un péché et une violation des saints canons ».

La feuille catholique anglaise ajoute : « Il est parfaitement inutile que le peuple anglais lève ses bras en l'air en protestant qu'il n'est pas une nation logique. Tout ceux qui suivent de près sa vie et son histoire savent que toujours, sous la surface des faits, il s'accomplit un travail auquel préside une évolution logique... L'inexorable logique des problèmes religieux n'a cessé d'opérer parmi le peuple anglais son travail tranquille et irrésistible. Les questions de rituel ont amené les questions de doctrine, et les questions de doctrine ont mis en face la question décisive de l'autorité. Où trouver la voix infaillible de l'autorité divine qui enseigne toutes les nations, tous les jours, jusqu'à la consommation des siècles? Plus que jamais cette question se pose devant la conscience de ceux qui cherchent Dieu dans la sincérité et la vérité. Comme catholiques, nous connaissons la seule réponse possible à cette question, et nous prions pour qu'un grand nombre arrivent à la connaître comme nous (1). »

Le dernier mot appartient à la prière. Le ritualisme ressemble à un vaisseau qui vogue vers un port chimérique, mais que la Providence veut conduire à un port très réel, le port de la véritable Eglise du Christ. Pour qu'il y aborde, la logique ne suffit pas. Il faut la grâce de Dieu, qui s'obtient par la prière. Voilà pourquoi Léon XIII s'est appliqué à provoquer, notamment par l'érection de l'Archiconfrérie de Notre-Dame de Compassion à Saint-Sulpice, un immense mouvement de prières pour la conversion de l'Angleterre.

(1) *The Tablet*, n° du 12 août 1899.

TABLE DES MATIERES

FIN DE LA TABLE

Imprimerie BUSSIÈRE — Saint-Amand (Cher).